ŒUVRES COMPLÈTES
DE
EUGÈNE SCRIBE

DE L'ACADÉMIE FRANÇAISE

OPÉRAS

COMIQUES

LA CHANTEUSE VOILÉE
LA DAME DE PIQUE
MOSQUITA LA SORCIÈRE
LES MYSTÈRES D'UDOLPHE

PARIS
E. DENTU, LIBRAIRE-ÉDITEUR
PALAIS-ROYAL, 17-19, GALERIE D'ORLÉANS

1880

ŒUVRES COMPLÈTES

DE

EUGÈNE SCRIBE

DE L'ACADÉMIE FRANÇAISE

RÉSERVE DE TOUS DROITS

DE PROPRIÉTÉ LITTÉRAIRE

En France et à l'Étranger.

LA
CHANTEUSE VOILÉE

OPÉRA-COMIQUE EN UN ACTE

En société avec M. de Leuven

MUSIQUE DE VICTOR MASSÉ.

THÉATRE DE L'OPÉRA-COMIQUE. — 26 Novembre 1850.

PERSONNAGES.	ACTEURS.
VELASQUEZ, peintre.	MM. AUDRAN.
PERDICAN, son ami, alguazil.	BUSSINE.
PALOMITA, servante de Velasquez.	Mlle LEFEBVRE.

SEIGNEURS et GENS DU PEUPLE.

En 1620. — A Séville.

LA
CHANTEUSE VOILÉE

L'atelier de Velasquez. — A gauche, la chambre de Palomita ; à droite, un escalier conduisant à d'autres étages ; du même côté, au premier plan, un chevalet portant un tableau commencé. Du côté opposé, une estrade où se placent les modèles. Au fond, une porte donnant sur la grande place.

SCÈNE PREMIÈRE.

PERDICAN, puis PALOMITA.

PERDICAN, à la porte du fond.

Bourgeois de Séville, rentrez chez vous! n'obstruez pas ainsi la voie publique, et ne me forcez pas, moi Perdican, votre voisin et votre ami, à exercer contre vous mes rigoureuses fonctions d'alguazil... Bien... bien, ils obéissent... ils se séparent... ils rentrent dans leurs boutiques. Ils font bien... car sans cela...

PALOMITA, entrant.

Eh mon Dieu! qu'est-ce donc, seigneur Perdican? qu'y a-t-il?

PERDICAN.

Vous ne savez pas la nouvelle?...

PALOMITA.

Je ne sors jamais... je garde la maison du seigneur Velasquez mon maître, qui est toujours dehors, et qui n'a que moi de servante.

PERDICAN.

Eh bien! hier soir, un jeune seigneur, qui sortait sans doute d'un joyeux souper, traversait la grande place au moment où la foule assistait à la sérénade, et piqué par une curiosité que je comprends très-bien, il a essayé de soulever le voile blanc dont Lazarilla, la chanteuse, couvre toujours ses traits. Celle-ci, indignée, s'est enfuie... et ce matin, grande rumeur dans le quartier... Des groupes se sont formés sur la place... et l'on craint généralement que Lazarilla ne revienne pas ce soir...

PALOMITA.

Et qu'est-ce que c'est, s'il vous plaît, que cette Lazarilla... cette chanteuse?...

PERDICAN.

L'idole du peuple et aussi des grands seigneurs : les uns viennent à pied et les autres en équipage pour l'entendre.

COUPLETS.

Premier couplet.

Tous les soirs, sur la grande place,
On voit la foule qui s'amasse;
Soudain, au loin et dans la nuit,
Une guitare retentit.
Alors, la Gitana s'avance,
Sa taille est pleine d'élégance;
Mais les longs plis d'un voile épais
A tous les yeux cachent ses traits.

La foule heureuse
Et radieuse
Dit : La voilà!

C'est notre infante,
C'est la charmante
Lazarilla !
Elle commence,
Dieu ! quel silence !
Tra, la, la, la, la !

PALOMITA.

Quoi ! dans la foule
Elle roucoule
Comme cela :
Tra, la, la, la, la !

PERDICAN.

Oui, dans la foule
Elle roucoule
Comme cela :
Tra, la, la, la, la !

PERDICAN et PALOMITA.

Et puis s'élance
Un bruit immense :
Brava, brava,
Lazarilla !

PERDICAN.

Deuxième couplet.

Lazarilla vers tout le monde
Va, tour à tour, faisant sa ronde,
Présenter de sa blanche main
Sa riche bourse de satin.
Pour obtenir de la quêteuse
La révérence gracieuse,
Les grands seigneurs et les bourgeois
Soudain lui donnent à la fois ;

Car pêle-mêle,
Comme la grêle,
Tombent, morbleu !
Doublon, pistole,
Et puis, l'idole,
Pour seul adieu,

Gaîment s'empare
De sa guitare.
Tra, la, la, la, la!
Et puis s'esquive
Aux cris de : vive
Lazarilla!
Brava, brava,
Lazarilla!

PALOMITA.

De sa guitare
Elle s'empare
Comme cela :
Tra, la, la, la, la!

PERDICAN.

De sa guitare
Elle s'empare
Comme cela :
Tra, la, la, la, la!

PERDICAN et PALOMITA.

Et puis s'esquive
Aux cris de : vive
Lazarilla!

PALOMITA.

J'ai idée maintenant que tous les soirs mon maître va entendre la cantatrice en plein air. Voilà pourquoi hier il est rentré si tard... à telles enseignes qu'il n'est pas encore levé.

PERDICAN.

A dix heures du matin! un peintre qui devrait être à l'ouvrage au lever de l'aurore... ne fût-ce que pour la peindre!

PALOMITA.

Il ne travaille plus... il ne fait rien!

PERDICAN.

Un jeune artiste d'un si grand talent... que j'ai toujours aimé... vous le savez!... Pendant toute une année qu'a duré l'héritage de son père... je ne l'ai pas quitté d'un instant.

Que de plaisirs!... que de folies! je soupais tous les soirs avec lui... malheureusement je n'étais pas le seul.

PALOMITA.

Tous les mauvais sujets de Séville!... qui, lorsque la fortune a disparu, ont fait comme elle, et il ne lui est resté que des dettes.

PERDICAN.

Autre chose encore... Palomita, sa gentille servante, qui est demeurée fidèle au malheur.

PALOMITA.

Et puis, vous, monsieur Perdican, qui ne l'avez jamais abandonné...

PERDICAN.

C'est vrai!... je lui prêtais gratis ma figure toutes les fois qu'il avait à peindre une tête de caractère! Je ne suis pas riche... mais je suis sensible, et la sensibilité d'un alguazil est une chose si rare... que si on pouvait la montrer pour de l'argent...

PALOMITA.

Votre fortune serait faite.

PERDICAN.

Bien loin de là! cette sensibilité a été souvent mise à de rudes épreuves... Croiriez-vous que, cinq ou six fois, dernièrement, des créanciers se sont adressés à moi pour l'appréhender au corps... lui, mon pauvre Velasquez!

PALOMITA.

Vous avez refusé?...

PERDICAN.

Un autre s'en serait chargé; et il vaut mieux être arrêté dans la rue par un ami... que par un étranger... Je m'étais donc fait une raison, mais chaque fois qu'Oreste se disposait à verbaliser contre Pylade, le ciel, qui protége l'amitié et les arts, me venait en aide, et je recevais le montant de la somme exigible...

PALOMITA.

En vérité!...

PERDICAN.

Par un avis mystérieux qui me défendait sur ma tête de parler à Velasquez de ce secours inconnu, et m'ordonnait de lui laisser croire qu'il venait de moi, de sorte que mon pauvre ami est prêt, dans sa reconnaissance, à se jeter au feu pour moi, et, le cas échéant, ma position est telle que je ne pourrais pas l'en empêcher.

PALOMITA.

Il n'y a pas de mal, monsieur Perdican, cela le forcera à travailler, ne fût-ce que pour s'acquitter avec vous... Mais depuis quelque temps, je vous l'ai dit... il s'est fait en lui un changement inexplicable... Il n'a plus de cœur à rien... il passe ses journées entières immobile... taciturne... et dans une tristesse...

PERDICAN.

Dont je me suis aperçu... Un alguazil doit tout voir, tout savoir par état... je le soupçonne d'être amoureux...

PALOMITA, vivement.

Vous croyez?...

PERDICAN.

D'une grande dame!... la marquise de Villaréal qui est venue dans son atelier... (Montrant le tableau qui est sur le chevalet.) pour ce portrait qu'il n'a pas encore achevé...

PALOMITA.

Ah! vous pensez...

PERDICAN.

Qu'un fol amour lui trouble l'esprit... car il comprend la distance qui le sépare de celle qu'il aime... de là son découragement.

PALOMITA.

Oui! mais sa mauvaise humeur, sa colère contre moi, car depuis sa dernière maladie...

PERDICAN.

Où vos soins lui ont sauvé la vie...

PALOMITA.

Il m'a prise en grippe... Il me déteste...

PERDICAN.

Vous, señorita ! ça n'est pas possible... Vous qui toucheriez tous les cœurs... même ceux des alguazils... Car j'ai pour vous une affection...

PALOMITA.

Que je vous rends bien, monsieur Perdican.

PERDICAN, avec joie.

Vraiment !

PALOMITA.

Parce que vous êtes bon, obligeant, dévoué... Mais, lui, il me rudoie... il me gronde sans cesse...

VELASQUEZ, en dehors, appelant.

Palomita ! Palomita !

PALOMITA.

Tenez ! tenez ! l'entendez-vous ?

SCÈNE II.

Les mêmes; VELASQUEZ.

VELASQUEZ.

Voyez si elle viendra !... Où est-elle ?... J'en étais sûr... à perdre son temps...

PERDICAN.

Au contraire, elle causait avec moi...

VELASQUEZ.

Ah ! bonjour, Perdican... Vous causez souvent ensemble !

PERDICAN.

Et vois comme tu es injuste !... nous causions de toi.

1.

VELASQUEZ.

Ce n'est pas de son maître, mais de son ouvrage, qu'elle doit s'occuper... de cet atelier qu'elle devrait ranger...

PALOMITA.

Tout est en ordre.

PERDICAN, à Velasquez.

Il est rangé, ton atelier!

VELASQUEZ.

Enfin, de mon déjeuner que j'attends... car il est midi pour le moins... et je me sens là un appétit...

PALOMITA.

Le déjeuner est prêt, mon maître...

PERDICAN, de même.

Il est prêt, ton déjeuner!

PALOMITA.

Et je vais vous le servir.

VELASQUEZ, brusquement.

C'est inutile... je n'ai plus faim... Laisse-moi!... Tu viendras ici... à deux heures... j'ai à te parler.

PALOMITA.

Mais il faut pourtant que vous preniez quelque chose.

VELASQUEZ.

Je n'ai besoin de rien... que de mes pinceaux... de ma palette, et elle n'est pas prête.

PALOMITA, la lui présentant.

La voici.

VELASQUEZ, déconcerté et regardant autour de lui.

Ah!... Eh bien!... Alors...

PERDICAN, à part.

Il ne sait plus que dire!

PALOMITA, voyant qu'il cherche autour de lui.

Que voulez-vous?

VELASQUEZ.

Que tu t'en ailles!

PALOMITA.

J'obéis, maître, j'obéis... je reviendrai à deux heures.

(Velasquez s'est placé devant un chevalet et essaie de travailler, pendant ce temps Palomita s'est approchée de Perdican. — A demi-voix, à Perdican.)

COUPLETS.

Premier couplet.

Quel bruit!... vous venez de l'entendre,
 Pour son repas!
Et quand il n'a plus qu'à le prendre,
 Il n'en veut pas!
Comment jamais le satisfaire?

(Velasquez a quitté son chevalet, s'approche d'eux et écoute.)

Il est méchant!... il est colère!...

(Velasquez l'interrompt avec un geste de menace.)

(Vivement à Velasquez, d'un air suppliant.)

Non, non, pardon!...
Vous êtes bon,
 Bien bon,
 Très-bon...
Ne vous mettez pas en fureur,

(A mains jointes.)

Mon doux seigneur!

Deuxième couplet.

(A Velasquez.)

S'il faut de chez vous que je sorte,
 Je m'en irai.

(Geste de colère de Velasquez. — A Perdican.)

Voilà de nouveau qu'il s'emporte!

(A Velasquez.)

Je resterai!

(Même jeu. — A Perdican.)

Ce mot redouble sa colère !
Mais voyez donc quel caractère !

(A Velasquez qui fait un geste de colère.)

Non, non, pardon !
Vous êtes bon,
Bien bon,
Très-bon...

Ne vous mettez pas en fureur,
Mon doux seigneur !
Oui, je m'en vais, mon doux seigneur !

(Elle sort par la porte à gauche qui mène à sa chambre.)

SCÈNE III.

VELASQUEZ, PERDICAN.

PERDICAN, à part.

Pauvre fille !... Qu'est-ce qu'il peut avoir contre elle ?

VELASQUEZ.

Tu as bien fait de venir ce matin, Perdican. J'avais à te parler.

PERDICAN.

Moi aussi... d'une importante affaire... qui peut rétablir les tiennes...

VELASQUEZ.

C'est difficile. Je suis ruiné et j'ai des dettes...

PERDICAN.

Qui maintenant sont presque toutes payées.

VELASQUEZ.

Grâce à toi, Perdican, mon excellent, mon généreux ami !

PERDICAN.

Ne parlons pas de cela !

VELASQUEZ.

Au contraire... car ma seule pensée est de m'acquitter envers toi... Sans cela je crois que je me serais déjà tué.

PERDICAN, vivement.

Ne t'acquitte jamais! je te ferai crédit indéfiniment.

VELASQUEZ.

C'est justement ce que je ne veux pas.

PERDICAN.

Alors, travaille!

VELASQUEZ.

Il faut en avoir la force, le courage...

PERDICAN, regardant avec intention le tableau qui est sur le chevalet.

Je sais en effet que tu n'as pas le courage d'achever ce portrait... celui de la marquise de Villaréal...

VELASQUEZ, d'un air distrait et s'asseyant devant son chevalet.

C'est vrai!... elle est trop belle!... Je suis si peu en verve que je gâterais cette froide et majestueuse figure de déesse!

PERDICAN.

Eh bien! le duc d'Olozoga... ce grand seigneur qui veut absolument que tu fasses le portrait de sa femme...

VELASQUEZ.

Ah! celle-là est trop laide... la plus laide duchesse d'Espagne, peut-être!...

PERDICAN.

Raison de plus... tu ne gâteras pas ses traits... Au contraire... tu ne risques rien que de l'embellir...

VELASQUEZ.

Oui... mais la duchesse témoigne une telle ardeur d'avoir ce portrait... et de commencer nos séances!... Elle m'a parlé de sa protection en des termes qui me déplaisent souverainement... jusqu'à me proposer de m'avancer sur ce tableau, qui n'est pas encore commencé, toutes les sommes dont j'aurais besoin. (Ouvrant sa boîte à couleurs.) Que vois-je! une bourse pleine d'or!...

PERDICAN.

Est-il possible!...

VELASQUEZ.

La duchesse... qui malgré mes refus... aura exécuté sa proposition... ou plutôt sa menace...

PERDICAN, poussant un cri.

Ah! je devine le mystère! Je comprends tout...

VELASQUEZ, le prenant par le bras.

Quoi donc?... que comprends-tu?

PERDICAN.

Que cette grande dame... a un faible pour toi... c'est-à-dire pour les arts... et qu'alors... moi... qui suis ton ami...

VELASQUEZ.

Eh bien?

PERDICAN.

Eh bien... je ne t'en dirai pas davantage... parce que le duc d'Olozoga, ce puissant seigneur qui m'a fait avoir ma charge d'alguazil... pourrait me l'ôter... et qu'il vaut mieux se taire...

VELASQUEZ.

Eh! qui songe à parler de cela?... tu reporteras toi-même aujourd'hui au duc... ou à la duchesse... cet or... en les remerciant pour moi...

PERDICAN.

De leur protection éclairée pour les arts...

VELASQUEZ.

Mais tu ajouteras que je vais quitter l'Espagne.

PERDICAN.

Une excuse...

VELASQUEZ.

Non, je veux partir pour un long voyage...

PERDICAN.

Allons donc!...

VELASQUEZ.

Voyage nécessaire... qui me distraira... qui me guérira de ce que je souffre...

PERDICAN.

C'est différent!

VELASQUEZ.

Et je serais déjà parti... si, comme je te le disais tout à l'heure... j'avais pu m'acquitter envers toi... et gagner...

PERDICAN.

Les frais du voyage...

VELASQUEZ, lui serrant la main.

Oui...

PERDICAN.

Eh bien!... tout cela est possible... grâce à l'affaire que je viens te proposer.

VELASQUEZ.

Alors parle donc vite!...

PERDICAN.

Tu sais le bruit que la chanteuse Lazarilla fait dans Séville...

VELASQUEZ.

Je sais du moins le bruit qu'elle occasionne tous les soirs sur la grande place à notre porte... c'est insupportable... et si la police était mieux faite...

PERDICAN.

Ne vas-tu pas attaquer la police dont je fais partie?...

VELASQUEZ.

Justement... c'est vous autres alguazils qui devriez veiller à cela... et empêcher le désordre...

PERDICAN.

Et s'il y a des gens influents... de hauts personnages qui protégent le désordre...

VELASQUEZ.

Que veux-tu dire?...

PERDICAN.

Que tous nos jeunes seigneurs raffolent de Lazarilla, d'abord parce qu'elle a une jolie voix, une jolie taille et surtout un voile épais qui cache exactement ses traits... ce qui stimule et aiguillonne la curiosité à un point... qu'on ne parle que d'elle dans la ville, et que de graves, de pieux personnages sont, comme les autres, tourmentés du désir, de la fièvre de la voir et de la connaître...

VELASQUEZ.

En vérité...

PERDICAN.

Témoin son Excellence don Rodrigo de Cardona.

VELASQUEZ.

Le gouverneur de Séville.

PERDICAN.

AIR.

Il m'a fait appeler ce matin et m'a dit :
« Je veux savoir quelle est cette belle inconnue
    « Dont notre ville entière s'est émue
« Et dont les chants divins nous charment chaque nuit !

        « Ce soir, et lorsque la nuit sombre
        « Sur Séville étendra son ombre,
        « Sous le prétexte très-prudent
        « D'empêcher tout rassemblement,
        « Alguazil discret et fidèle,
        « Vous arrêterez cette belle,
        « Et vous la conduirez chez moi !... »
            — Oui, monseigneur !
            « — De par le roi,
    « Discrètement, chez moi, de par le roi ! »
            — Oui, monseigneur !

        Brave alguazil,
        Aucun péril

Ne m'effraie ou ne m'étonne ;
J'arrêterais,
Je saisirais
Jusqu'à Lucifer en personne !
Oui, j'en ai l'espoir,
Dès ce soir,
La fortune m'arrive,
Car Lazarilla
Deviendra,
Dès ce soir, ma captive !

Pour obéir à monseigneur
Je me ris du peuple en fureur,
Contre moi, contre ma cohorte,
Qu'il s'emporte
Ou non... peu m'importe !
Pour moi la consigne d'abord !
Pour elle, impassible recor,
Je braverai les coups du sort...
(Faisant le geste du bâton.)
Et d'autres bien plus durs encor !

Brave alguazil, etc.

VELASQUEZ.

Tout cela est très-bien... mais tu ne m'as pas encore dit en quoi cette expédition pouvait me servir...

PERDICAN.

Comment, tu n'as pas compris, qu'enlevant, par ordre supérieur et par mesure de sûreté publique, cette beauté inconnue... je l'amène d'abord ici... dans ton atelier, où, en quelques minutes, tu auras tracé de ses traits un dessin, une esquisse, dont maître Zuniga, le riche marchand de tableaux, te donne d'abord trois mille ducats...

VELASQUEZ.

C'est trop !

PERDICAN.

Et qui, multiplié par la gravure, peut, vu la curiosité

publique, se vendre par milliers dans Séville, et rapporter aux deux associés un immense bénéfice...

VELASQUEZ.

Ah! que je puisse m'acquitter envers toi... payer toutes mes dettes... et m'éloigner... (Vivement.) J'accepte... mais reporte d'abord cette bourse à l'hôtel d'Olozoga.

PERDICAN.

J'y vais de ce pas... mais toi, je te le demande en grâce... ne sois pas si sévère avec cette pauvre Palomita.

VELASQUEZ.

Qu'est-ce que cela te fait?

PERDICAN, avec embarras.

Cela me fait, que c'est une brave et honnête fille que tu grondes toujours... ça lui fait de la peine, et à moi aussi.

VELASQUEZ.

C'est bon!

PERDICAN.

Ainsi, tu la traiteras plus doucement?

VELASQUEZ, avec impatience.

Eh! oui, mais va vite!

PERDICAN.

Tu ne te mettras plus en colère?

VELASQUEZ, s'emportant et le poussant dehors.

Eh! non, te dis-je... Mais va donc!

(Perdican sort par la porte du fond.)

SCÈNE IV.

VELASQUEZ, seul.

Il la défend contre moi... Ah! il ne sait pas, ni elle non plus, ce qui se passe là... Il ne sait pas que, malgré moi, tout m'entraîne vers elle... Hier encore, hier, le soir, quand le hasard me fit entrer dans sa chambre... elle dormait !

ROMANCE.

Premier couplet.

D'une lampe mourante
L'incertaine lueur
De sa tête charmante
Révélait la candeur,
Près d'elle je tremblais de honte et de bonheur.

Délire qui m'entraîne,
Amour qui fait mourir,
Ah ! pour briser ma chaîne,
Il faut partir, il faut la fuir !

Deuxième couplet.

Ah ! dans l'ardente fièvre
Qui me vint maîtriser,
Pardonne... si ma lèvre
T'effleura d'un baiser !
Baiser doux et fatal, si prompt à m'embraser !

Délire qui m'entraîne,
Amour qui fait mourir,
Ah ! pour briser ma chaîne,
Il faut partir, il faut la fuir !

Oui ! c'est le seul parti qu'il faut prendre... car Perdican a raison... Furieux de ma propre faiblesse... je ne m'aperçois pas que chaque jour je deviens plus injuste et plus cruel... Pauvre fille ! je la maltraite... je la rudoie... je la déteste... et je l'aime... La voilà ! c'est elle !...

SCÈNE V.

VELASQUEZ, PALOMITA, entrant.

DUO.

VELASQUEZ, d'un air brusque.

Qui t'amène ? que viens-tu faire

PALOMITA, à part.

Ah! mon Dieu! qu'il a l'air bourru!
C'est maintenant son ordinaire!

VELASQUEZ, avec impatience.

Qui t'amène?... répondras-tu?

PALOMITA, avec naïveté et douceur.

Vous m'aviez ordonné, mon maître,
(Vous l'avez oublié peut-être)
De venir ce matin... je viens!

VELASQUEZ.

C'est vrai!

PALOMITA.

Pourquoi?... je n'en sais rien!

VELASQUEZ, brusquement et sans la regarder.

Pour ce tableau qu'il faut terminer aujourd'hui,
J'ai besoin de tes traits!

PALOMITA, vivement.

De mes traits?... me voici!

Ensemble.

VELASQUEZ, à part.

Rien qu'à sa voix, rien qu'à sa vue,
De cette fièvre qui me tue
Je sens en moi naître les feux,
Tourments nouveaux!... honte nouvelle!
Je tremble, hélas! et devant elle
Je n'ose plus lever les yeux.

PALOMITA, à part.

Rien qu'à sa voix, rien qu'à sa vue,
Une ivresse en mon âme émue
Vient porter son trouble joyeux;
Tout s'embellit, se renouvelle,
Le soleil plus pur étincelle
Et pour moi s'entr'ouvrent les cieux!

VELASQUEZ, se retournant vers Palomita qui, immobile, le regarde.

Eh bien! que fais-tu là? monte sur cette estrade.

PALOMITA, montant sur l'estrade à gauche.

Debout?

VELASQUEZ, sans la regarder.

Non!... non, le corps penché vers moi.

PALOMITA, souriant.

Humble servante, ici je monte en grade
En vous servant de modèle...

VELASQUEZ, avec impatience.

Tais-toi!...
Ton parler me distrait... me trouble... me dérange!

PALOMITA, d'un air soumis.

Je me tais!

VELASQUEZ, levant les yeux sur elle.

Cette pose... eh! mais non! pas ainsi...
(S'approchant d'elle et tendrement.)
Ce regard doux et pur, comme celui d'un ange,
(Lui élevant le bras.)
Et tes bras vers le ciel!...
(A part et s'éloignant vivement.
Ah! ma main a frémi
En rencontrant la sienne!...

PALOMITA, levant les yeux et les bras vers le ciel.

Est-ce bien ainsi, maître?

VELASQUEZ, à part, à gauche près de son tableau.

O pouvoir infernal, qui dompte tout mon être!
(Avec exaltation et à voix haute sans s'adresser à Palomita.)
Non! esclave, à genoux!... à genoux!

PALOMITA, s'y mettant.

M'y voici!

VELASQUEZ, se retournant avec étonnement.

Que fais-tu?
(La regardant, à part et avec admiration.)
Qu'elle est belle!
(A part.)
Ah! reste... reste ainsi!

Que vers moi, seulement, ta paupière baissée
Se lève lentement, ainsi que tes beaux bras!
(Palomita à genoux sur l'estrade tourne vers lui ses yeux et ses bras suppliants.)
Que ton regard exprime une tendre pensée...
Plus tendre encor!...
(Palomita le regarde avec amour.)
Non! non! ne me regarde pas!

Ensemble.

VELASQUEZ, à part.
Rien qu'à sa voix, rien qu'à sa vue, etc.

PALOMITA, à part.
Rien qu'à sa voix, rien qu'à sa vue, etc.

VELASQUEZ, debout devant son tableau.
J'essaie en vain de peindre! une vapeur obscure
Et m'entoure et couvre mes yeux!
(Allant brusquement à Palomita qui est toujours à genoux.)
C'est ta faute!... Pourquoi cette absurde coiffure
Qui me cache tes longs cheveux?
(Elle ôte la résille qu'elle a sur la tête, et ses cheveux tombent sur ses épaules.)
Pourquoi, surtout, cette écharpe importune,
Ce voile qui m'est odieux?
(Il lui arrache l'écharpe qu'elle a sur les épaules.)

PALOMITA, croisant ses mains sur son col.
Seigneur! Seigneur!... Eh! quoi! sans crainte aucune
Vous voulez...

VELASQUEZ, la regardant et poussant un cri.
Ah! grands dieux!

Ensemble.

VELASQUEZ, à part.
Eh quoi! toujours, là, dans mon âme,
Au seul aspect de cette femme,
Je sens glisser un trait de flamme

Qui brûle et glace au même instant.
(Avec colère.)
Femme ou démon! ange peut-être!
Dont le regard brave ton maître,
Garde-toi bien de reparaître,
Éloigne-toi! va-t'en! va-t'en!
Va-t'en! va-t'en! va-t'en!

PALOMITA, à part.
Ah! quel courroux soudain l'enflamme!
Quoi, c'est toujours moi, pauvre femme,
Moi, qu'il accuse, et moi qu'il blâme!
Mon Dieu! mon Dieu! qu'il est méchant!
Je cherche en vain d'où ça peut naître;
C'est quelque sort, cela doit être!
(A Velasquez.)
Apaisez-vous, ô mon doux maître,
Je vais partir et sur-le-champ!

Ah! quel caractère irascible!
Me renvoyer?... pourquoi?...

VELASQUEZ.
N'as-tu donc pas compris
Que travailler m'est impossible?...
Tu le vois bien... je ne le puis!
Je souffre trop!

PALOMITA, effrayée.
Ah! c'est terrible!
(Se rapprochant de Velasquez.)
Je reste alors! je reste auprès de vous!

VALASQUEZ, à part avec impatience, se modérant à peine.
Encore!... encore!... Ah! ce parler si doux,
Ces soins si séduisants redoublent mon courroux!

Ensemble.

VELASQUEZ, avec fureur.
Eh! quoi! toujours, là, dans mon âme, etc.

PALOMITA, à part.

Ah ! quel courroux soudain l'enflamme, etc.

(Palomita recule effrayée.)

SCÈNE VI.

VELASQUEZ, PERDICAN, PALOMITA.

PALOMITA, courant à Perdican.

Ah ! seigneur Perdican, si vous saviez... il n'y a plus moyen d'y tenir... il est plus méchant que jamais !

PERDICAN, avec colère.

Il a raison !

PALOMITA, avec douleur.

Et vous aussi... vous qui m'abandonnez...

PERDICAN, de même.

Oui, je l'approuve... et si j'avais su ce que je sais maintenant...

VELASQUEZ.

Quoi donc ?...

PERDICAN.

Que Palomita... pour qui je me serais jeté au feu... que Palomita que j'estimais... et que j'aimais... comme toi... de tout mon cœur...

VELASQUEZ, avec impatience.

Eh bien ! finiras-tu ?

PERDICAN.

Eh bien ! Palomita.... n'est pas une brave fille... une honnête fille !

(Palomita pousse un cri d'indignation.)

VELASQUEZ, courant à Perdican qu'il prend au collet.

Tu en as menti !

PERDICAN.

Moi! un homme d'épée!...

VELASQUEZ.

Toi et tous ceux qui répéteront une pareille infamie!

PALOMITA, à part, avec joie.

Ah! il me défend!

PERDICAN.

Mais si je te disais...

VELASQUEZ.

Peu m'importe?... ça n'est pas vrai!

PERDICAN.

Mais si tu savais...

VELASQUEZ.

Je sais que ça ne se peut pas!

PERDICAN.

Mais si du moins tu me laissais parler...

VELASQUEZ.

Non... je ne le souffrirai pas...

PALOMITA.

Et moi... je le veux...

PERDICAN, à Palomita.

Comment! vous osez?...

PALOMITA.

Je vous le demande en grâce!

PERDICAN.

Eh bien donc... je revenais, comme tu m'en avais prié, de l'hôtel d'Olozoga... où ni le duc, ni la duchesse ne savent ce que tu veux dire... Mais ce n'est pas d'eux qu'il s'agit... c'est de Palomita. Imaginez-vous qu'en revenant j'entre chez Mariquita l'épicière... pour me rafraîchir d'un verre de Xérès... (A Palomita.) Mariquita votre voisine... dont la boutique est située de ce côté... (Montrant la gauche.) dans la petite rue... Mariquita enfin dont la fenêtre est juste en face de la vôtre...

VELASQUEZ et PALOMITA.

Eh bien?

PERDICAN.

Eh bien! Mariquita... a vu, pas plus tard qu'hier... dans la nuit... à travers le rideau blanc et à la lueur de la lampe... l'ombre... la silhouette d'un homme dans sa chambre...

VELASQUEZ, à part.

O ciel!... c'était moi...

PALOMITA.

Quelle horreur!

PERDICAN.

Et Mariquita est une sainte et digne femme qui ne manque ni un office ni un sermon, et elle m'a juré... qu'elle avait vu...

PALOMITA.

C'est une calomnie!

PERDICAN.

Et ça m'a déchiré le cœur... parce qu'on a un cœur quoique alguazil... et un cœur qui vous était dévoué... Mais comment ne pas croire après tous les détails dans lesquels elle est entrée...

PALOMITA.

Détails qui sont faux...

VELASQUEZ.

Non... qui sont vrais... mais qui ne prouvent rien contre vous, Palomita; car cet homme, c'était moi!

PERDICAN et PALOMITA.

Lui!...

VELASQUEZ.

Moi-même... Je revenais hier par la rue qui donne de ce côté... et craignant de trouver encore la place envahie par la foule, j'eus l'idée de rentrer chez moi par la petite porte secrète dont seul j'ai la clef... porte qui donne sur la chambre de Palomita, ma servante... Je croyais la trouver encore éveillée... Point du tout... elle était déjà couchée... elle dormait !

PALOMITA, avec émotion.

Vous, monsieur, à cette heure... dans ma chambre...

VELASQUEZ.

Moi-même !... (A Perdican.) Es-tu convaincu, maintenant ?

PERDICAN.

Non ! Et ce devait être un autre que toi !...

PALOMITA et VELASQUEZ.

Par exemple !...

PERDICAN.

Car Mariquita... a vu distinctement à travers le rideau... l'ombre se pencher vers le lit de Palomita... et l'embrasser...

PALOMITA, vivement.

Ça n'est pas... je l'aurais senti, peut-être !

VELASQUEZ.

Eh oui ! c'est absurde !... et Mariquita n'a pas le sens commun. Après avoir fermé le plus doucement possible la porte de la rue, je me suis penché vers ma pauvre servante pour voir si je ne l'avais pas éveillée... Mais, comme je te l'ai déjà dit, elle dormait du plus pur et du plus profond sommeil... et, marchant sur la pointe du pied, je me suis éloigné d'elle...

PERDICAN, qui vient de tomber à deux genoux près de Palomita.

Señorita, pardonnez-moi !... J'étais un indigne... un misérable... ou plutôt j'étais un furieux... un jaloux... parce que depuis longtemps, et sans en parler à personne, je vous aime, à part moi...

VELASQUEZ.

Toi !...

PERDICAN.

Comme un enragé... et je n'en disais rien, pas même à toi, mon meilleur ami et mon obligé...

VELASQUEZ, à part.

Ah!... sans ce mot-là... je l'aurais déjà assommé !

PERDICAN.

Parce que j'espérais toujours de l'avancement que je vais enfin obtenir... Le gouverneur Don Rodrigo de Cardona me l'a promis ce matin (A Velasquez.) à propos de l'affaire dont je t'ai parlé... (A Palomita.) Je suis un brave garçon... vous êtes une honnête fille... Une servante peut sans déroger épouser un alguazil... un homme d'épée... Je mets la mienne à vos pieds... ainsi que ma main et mon sort, et le pauvre Balthazar Inigo Perdican attend votre réponse.

PALOMITA, avec embarras et regardant Velasquez.

Cela ne dépend pas de moi... monsieur Perdican... demandez à mon maître... Je veux lui obéir en tout, et s'il l'ordonne...

VELASQUEZ, hésitant.

Moi...

PERDICAN, brusquement.

Eh oui !... prononce !... J'ai assez fait pour toi... pour que tu fasses quelque chose pour moi...

VELASQUEZ, de même.

Je ne demande pas mieux... mais il faut savoir avant tout... si elle n'en aime pas d'autre...

PERDICAN.

Pour cela, j'en réponds !

VELASQUEZ.

Et enfin, si elle t'aime...

PERDICAN.

Elle m'a avoué ce matin qu'elle avait pour moi une affection... (A Palomita.) N'est-ce pas ?

VELASQUEZ, à Palomita.

Est-ce vrai?

PALOMITA.

Oui, monsieur...

VELASQUEZ, avec dépit.

Eh bien! alors... puisque vous vous aimez, que vous vous adorez... vous n'avez pas besoin de moi, ni de mon consentement... épousez-vous, mes enfants, et le plus tôt possible... J'en suis ravi, enchanté... et c'est moi, mon bon et cher Perdican, qui veux être votre témoin.

PALOMITA, à part.

Ah!... il me déteste, et il lui tarde de se débarrasser de moi...

PERDICAN.

Écoutez... entendez-vous ce bruit... c'est la foule qui commence à se rassembler sur la place... Je vais songer à nos affaires... et puis à mon mariage... Adieu, Palomita... Demain, vous ne serez plus ici... demain je vous emmène... Adieu, ma fiancée, adieu, mes amours!

(Sur la ritournelle du morceau suivant, Perdican embrasse Palomita, qui, pensive, le laisse faire et regarde Velasquez. Perdican sort par le fond, Palomita par la gauche, et Velasquez se laisse tomber anéanti dans un fauteuil.)

SCÈNE VII.

VELASQUEZ, seul.

AIR.

Il l'aimait!... il l'aimait! et loin de ma demeure
Il l'emmène... il l'épouse... et moi je l'ai permis!
O printemps qui s'éloigne! ô beau ciel que je pleure!
O mes rêves d'amour, soyez anéantis!

Pour moi plus d'espoir, d'amour ni d'ivresse;
Adieu bonheur, et sans retour!

Te perdre à jamais, ma belle maîtresse,
C'est perdre, hélas! plus que le jour!

A mon talent, à mes pinceaux
Elle seule me faisait croire...
Sa vue inspirait mes travaux,
Et son amour c'était la gloire!

Pour moi plus d'espoir, d'amour ni d'ivresse, etc.

Eh! pourquoi donc, pourquoi... l'orage en mon cœur gronde...
Me laisser enlever ce trésor à mes yeux?
Ma servante!... eh! qu'importe?... ô préjugés du monde,
Je vous brave et j'aurai l'audace d'être heureux!

(Avec exaltation.)

Oui... oui... courage! ayons l'audace d'être heureux!

Trésor de jeunesse,
Gentille maîtresse,
Qui n'as pour richesse
Que tes seuls appas!
Fleur nouvelle,
Fraîche et belle,
Tu m'appartiendras!
Oui, toi que j'adore,
Rose à ton aurore,
Fleur qui viens d'éclore,
Tu m'appartiendras!

(A la fin de cet air le jour a baissé, et l'on entend au dehors un bruit qui va toujours en crescendo et éclate au moment où Perdican paraît à la porte du fond entraînant par la main une femme voilée.)

SCÈNE VIII.

VELASQUEZ, PERDICAN, LAZARILLA.

VELASQUEZ.

Que vois-je! Perdican! et cette femme voilée!...

PERDICAN.

Tais-toi! tais-toi! On nous poursuit... le peuple est sur nos traces!

(L'orchestre, qui avait éclaté avec force, s'apaise en ce moment et continue à jouer pianissimo, pendant la petite scène suivante, et le crescendo ne recommence qu'à la fin de la scène pour éclater de nouveau à la scène IX, à l'entrée du peuple.)

PERDICAN, montrant Lazarilla.

Où cacher la señora?...

VELASQUEZ, indiquant la chambre à gauche à Lazarilla.

Là... chez Palomita, ma servante... Entrez, entrez... vous y serez en sûreté... (Refermant vivement la porte.) Enfermez-vous... et au verrou... (Parlant à Palomita à travers la porte.) Palomita!

PALOMITA, en dehors et répondant.

Qu'y a-t-il, maître... et quelle est cette dame?

VELASQUEZ.

Veille sur elle! cache-la bien!

PALOMITA, en dehors.

Oui, maître... Soyez tranquille...

SCÈNE IX.

VELASQUEZ, PERDICAN, Seigneurs et Gens du peuple.

LE CHOEUR.

Elle est ici, qu'on nous la rende!
Malheur à qui la retiendra!
C'est le peuple qui la demande.

TOUS, appelant.

Lazarilla! Lazarilla!

(Quelques seigneurs vont frapper à la porte de la chambre de Palomita, à gauche. Palomita ouvre et fait signe qu'ils peuvent entrer, puis elle s'approche de Velasquez et de Perdican et semble leur dire en pantomime : Ne craignez rien! — Les seigneurs sortent presque aussitôt de la chambre en indiquant qu'ils n'ont pas trouvé la chanteuse. — Alors, tous disparaissent par la porte à droite et sont censés monter dans les étages supérieurs, car, après leur sortie, on entend encore, mais moins fort, le cri de :)

Lazarilla!
Lazarilla!

SCÈNE X.

VELASQUEZ, PALOMITA, PERDICAN.

TRIO.

PERDICAN, à demi-voix à Palomita, après que le peuple est sorti.
Où l'as-tu cachée?

PALOMITA.
Eh! qu'importe?

PERDICAN.
J'y suis... c'est dans le grand bahut!

PALOMITA.
Justement!

VELASQUEZ.
Il faut qu'elle sorte!
Il y va de notre salut!
(Il entre dans la chambre à gauche.)

PERDICAN, à Palomita.
Tu l'as vue!... est-elle jolie?

PALOMITA, d'un air indifférent.
Pas mal.

PERDICAN.
Nous allons à l'instant
En juger!...

VELASQUEZ, sortant de la chambre à gauche.
Partie! elle est partie!

PERDICAN.
Et par où?

VELASQUEZ, à demi-voix.
Mais vraiment,
Par la petite porte basse!

PERDICAN.
Qui donne sur la vieille place!

VELASQUEZ.
Et dont moi seul avais la clé!

PERDICAN, répétant.
La porte basse!

VELASQUEZ.
Eh! oui, certe,
C'est par là qu'on s'en est allé!...
Par quelle main fut-elle ouverte?

PERDICAN.
En effet!

VELASQUEZ, à Palomita.
Oui, par qui?

PALOMITA.
Je l'ignore!

VELASQUEZ.
Et pourtant
Toi seule en ce moment,
Étais dans cet appartement!

Ensemble.

PALOMITA.
C'est moi, pauvre servante
Active et diligente,
Que toujours on tourmente;
Je ne fais rien de bien!
Vainement je m'empresse,
On me gronde sans cesse.
Ah! quel sort est le mien!
Ah! ah! ah! ah! ah!

VELASQUEZ, avec humeur.
Inutile servante!

Maladroite! indolente!
Qui se mire ou se vante
Et ne me sert à rien,
Se croit dame et maîtresse
Et qui, par sa paresse,
Me laisserait sans cesse
Dérober tout mon bien!

PERDICAN.

Oui, c'est une servante
Active et diligente;
A tort on la tourmente!
Quel esprit est le tien!
Avec cette rudesse
Qui l'offense et la blesse
Pourquoi gronder sans cesse,
Puisqu'elle ne sait rien?

(Palomita, qui s'est mise à pleurer à la fin de cet ensemble, tire un mouchoir de sa poche pour essuyer ses yeux, et laisse tomber à terre une clef.)

VELASQUEZ, la ramassant vivement.

Une clef de sa poche est tombée!

PALOMITA, voulant la lui reprendre des mains.

Ah! de grâce!...

VELASQUEZ, la regardant.

Et pareille à la mienne!

PALOMITA, à part.

O ciel!

VELASQUEZ.

Eh! oui, vraiment!

(Comparant les deux clefs.)

C'est celle de la porte basse...

PERDICAN, vivement.

Qui donne sur la vieille place...

VELASQUEZ.

Et par laquelle on entre en son appartement.

(Se retournant vers Palomita d'un air menaçant.)
Et cette clef?...

PALOMITA, tremblante.

Mon maître!

PERDICAN, avec colère.

Ah! tu la possédais!

PALOMITA, de même.

Par hasard.

VELASQUEZ.

Et je l'ignorais!

PERDICAN.

Tout ce qu'on racontait n'est donc pas calomnie!

PALOMITA, avec indignation.

Qu'osez-vous dire?

VELASQUEZ, avec jalousie.

O comble d'infamie!

PERDICAN, de même.

Cet homme qui, la nuit, chez vous s'introduisait...

VELASQUEZ et PERDICAN.

C'était par là!

PALOMITA.

Messieurs!...

(A part.)

Ah! de moi c'en est fait!

PERDICAN, avec indignation.

Et moi, moi qui voulais l'épouser... en personne...

VELASQUEZ, de même.

Moi, qui l'idolâtrais ainsi qu'une madone,
Et qui, las de combattre un ascendant vainqueur,
Voulais dans mon amour...

PALOMITA, poussant un cri de joie.

Qu'entends-je!

VELASQUEZ.

Ou ma folie,
Lui donner et ma main, et mon cœur, et ma vie !

PALOMITA, à part.

Ah ! je me sens mourir de joie et de bonheur !
(Elle fait un pas vers Velasquez, qui s'éloigne d'elle ainsi que Perdican.)

Ensemble.

PALOMITA, à part, gaiement.

O fureur qui m'enchante !
O colère enivrante !
Trop heureuse servante,
Le ciel comble mes vœux !
Doux rêve, dont l'ivresse
Me charmera sans cesse,
Comme dame et maîtresse,
Je reste dans ces lieux !

VELASQUEZ.

Infidèle servante !
Et perfide et méchante !
Et dont l'audace augmente
Mes transports furieux,
De ma lâche faiblesse,
Tu te jouais sans cesse !
Plus d'amour, de tendresse :
Va-t'en ! sors de ces lieux !

PERDICAN.

O perfide servante,
Que j'ai crue innocente !
Ah ! cette idée augmente
Mes transports furieux !
Un autre a sa tendresse,
Ah ! c'est trop de faiblesse !
Je sors de mon ivresse.
Va-t'en ! sors de ces lieux !

(Palomita, poursuivie par les menaces de Velasquez et de Perdican, s'élance dans la chambre à gauche, au moment où l'on entend de nouveau gronder les cris et la colère du peuple.)

SCÈNE XI.

VELASQUEZ, PERDICAN, à droite. LE PEUPLE et LES SEIGNEURS rentrent en foule sur le théâtre par la porte du fond et par la porte à droite.

LE CHŒUR.
Elle est ici, qu'on nous la rende!
En vain on la cache à nos yeux!
(S'adressant à Velasquez et à Perdican.)
Oui, qu'on la voie et qu'on l'entende,
Ou nous vous immolons tous deux!

LE PEUPLE, entourant Velasquez et Perdican.
Oui! oui! qu'ils meurent tous les deux!

(On lève sur eux des bâtons et des poignards et l'on va les frapper lorsqu'on entend de la porte du fond un prélude de guitare. Tout le monde s'arrête et écoute.)

SCÈNE XII.

(Sur la ritournelle qu'on vient d'entendre, la porte s'est ouverte et l'on voit paraître une femme couverte d'un long voile blanc, tenant à la main une guitare et portant une bourse de velours attachée à son côté par des cordons dorés.)

TOUS.
C'est elle!... c'est Lazarilla!

PLUSIEURS SEIGNEURS, et DES GENS DU PEUPLE, entre eux, à voix basse.
Est-ce bien elle?
(S'adressant à Lazarilla.)
Chante!

TOUS.
Oui, chante!
(Lazarilla prélude sur sa guitare.)

Écoutons-la !

(Lazarilla s'avance au bord du théâtre ; Velasquez, Perdican et le peuple, ainsi que les seigneurs, restent quelques pas en arrière et indifféremment groupés.)

LAZARILLA.

BOLERO.

Premier couplet.

L'air au loin retentit
Du son des castagnettes !
A ce bruit !
Qui séduit,
Accourez, jeunes fillettes !
A quinze ans, sous l'ormeau,
Danser c'est être sage !
Bolero,
Fandango
Ne conviennent qu'à cet âge.
L'amour va quelque jour
Troubler votre innocence.
Qui sent tourment d'amour
N'a plus cœur à la danse !
Désir, tendre soupir,
Regrets, peines secrètes
Ne sauraient s'étourdir
Au son des castagnettes !
On gémit en silence
Et dans l'absence,
Et puis l'on pense
A lui... d'abord !!!

Mais vous, jeunes beautés, qui n'aimez pas encor,
Dépêchez-vous !... ah ! ah ! voici la danse !
Elle commence.
Usez du temps,
Usez de vos quinze ans ;
Belle jeunesse,
Le temps vous presse,
Pour bien danser il n'est que le printemps !

LE CHŒUR.

C'est elle! c'est la chanteuse
Brillante et mystérieuse!
Charmant nos cœurs amoureux
Et se cachant à nos yeux!

LAZARILLA.

Pour vos pistoles, vos cruzades,
Messeigneurs, on vous donnera
Des traits brillants et des roulades,
Si vous les aimez... en voilà !
    Ah ! ah ! ah ! ah ! ah !
     Ah! ah! ah !

Deuxième couplet.

Dansez, bientôt pour vous
Viendra nouvelle chaine.
   Votre époux
   Est jaloux,
Il touche à la cinquantaine !
  Au logis, le brutal
  Tient sa femme captive,
   Car le bal
   Lui fait mal,
Il faudra qu'elle s'en prive !
Il meurt... mais de vos jours,
Quand la fleur est fanée,
Des plaisirs, des amours
On est abandonnée.
Pour vous plus de danseur.
Arrive la vieillesse !
On prend un directeur !
Au sermon l'on s'empresse !
Adieu, fraîches toilettes !
   Danses et fêtes
   Et castagnettes,
   Vous aurez tort.

Mais vous, jeunes beautés, vous qui riez encor, etc.

(A la fin de cet air, Lazarilla fait le tour de la foule, présentant sa bourse à chaque auditeur, qui y dépose une pièce de monnaie, et les seigneurs y jettent des poignées d'or. A chaque don, Lazarilla fait une gracieuse révérence.)

LE CHOEUR, à demi-voix.

Brava ! brava !
Lazarilla !

LAZARILLA, faisant la révérence à chacun.

Merci, mes beaux seigneurs !
(Elle s'arrête devant Velasquez, qui, plongé dans ses réflexions, est allé devant son chevalet et son tableau commencé. Elle lui présente la bourse qui est pleine d'or, en lui faisant une révérence.)

VELASQUEZ.

A cette riche offrande
Que pourrais-je ajouter ?

LAZARILLA.

Une encor bien plus grande !

VELASQUEZ.

Moi, pauvre artiste !

LAZARILLA.

Justement.
Au peintre Velasquez... Lazarilla demande
Une œuvre de sa main... mon portrait !

TOUS, avec joie.

C'est charmant !

(A Velasquez.)
Disposez vos pinceaux et préparez-vous, maître !
(Tous, à demi-voix et pendant que Lazarilla monte sur l'estrade à gauche.)
Nous allons donc enfin la voir et la connaître !

(Velasquez, debout à droite, a pris ses pinceaux et regarde Lazarilla. Celle-ci commence à soulever lentement son voile. Mouvement de curiosité dans la foule qui se groupe autour de l'estrade. Enfin Lazarilla a retiré tout à fait son voile, Velasquez tressaille et chancelle; Perdican pousse un cri de surprise.)

VELASQUEZ, stupéfait, parlé.

Palomita !

PERDICAN, de même.

Palomita !

VELASQUEZ.

Ah ! qu'ai-je vu ?

PALOMITA.

Votre esclave toujours !

VELASQUEZ, avec transport.

Non ! ma compagne et mes amours,
Ma femme bien-aimée !

PERDICAN, essuyant une larme.

Ami, tu devais être
Mon témoin... je m'en souviens bien !
(Lui tendant la main.)
Et c'est moi qui vais être le tien !

LAZARILLA, aux seigneurs qui l'entourent.

Avant qu'en mon ménage,
L'amour m'engage
A l'objet de mes vœux,
Mon cœur, qui vous honore,
Vous doit encore
Un dernier chant d'adieux !
O vous dont l'indulgence
Fit ma science,
Messieurs, adieu vous di !
Je pars, reconnaissante,
Mais je ne chante
Plus que pour mon mari !

LE CHŒUR.

Avant qu'en son ménage
L'amour l'engage,

A l'objet de ses vœux,
Son cœur qui nous honore
Nous dit encore
Un dernier chant d'adieux !

LA
DAME DE PIQUE

OPÉRA-COMIQUE EN TROIS ACTES

MUSIQUE DE F. HALÉVY.

Théatre de l'Opéra-Comique. — 28 Décembre 1850.

PERSONNAGES. ACTEURS.

LE PRINCE ZIZIANOW, colonel russe. . . . . MM. COUDERC.
CONSTANTIN NÉLIDOFF, sous-lieutenant d'artillerie. BOULO.
KLAREMBERG, banquier du roi de Saxe et de Pologne. . . . . RICQUIER.
ANDRÉ ROSKAW, chef des mineurs . . . . BATAILLE.
SOWBAKIN, second chef des mineurs. . . . . . . CARVALHO.
LE BANQUIER des jeux à Carlsbad. . . . . BELLECOUR.

LA PRINCESSE POLOWSKA; }
DARIA DOLGOROUKI . . . . } . . . . Mmes UGALDE.
LISANKA, fille de l'intendant du château de Polotsk. . MEYER.

OFFICIERS et SOLDATS. — MINEURS, HOMMES et FEMMES. — DOMESTIQUES. — PAYSANS et PAYSANNES. — JOUEURS. — HOMMES et DAMES MASQUÉS.

En 1762, à la fin du règne de Pierre III. — Au château de Polotsk, dans un village russe, sur les frontières de la Pologne, au premier acte; dans les mines de Polotsk au deuxième acte ; à Carlsbad en Bohême, au troisième acte.

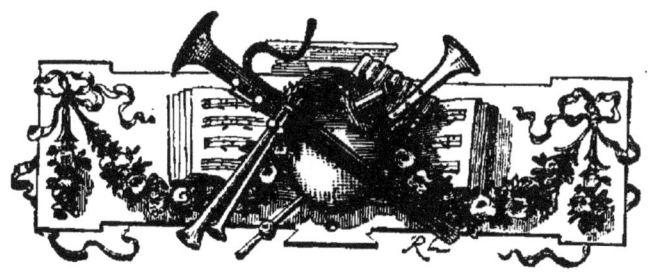

LA
DAME DE PIQUE

ACTE PREMIER

Une riche salle du vieux château de Polotsk. Une large cheminée, haute de six ou sept pieds, tient le fond du théâtre; à droite et à gauche de la cheminée, deux portes à deux battants. Sur les deux premiers plans à droite, des croisées à compartiments et à vitraux gothiques.

SCÈNE PREMIÈRE.

SOWBAKIN et DES ESCLAVES ouvriers des mines, entrent par la porte du fond, à droite de la cheminée. LISANKA entre par la porte à gauche, tenant à la main un cruchon d'eau-de-vie et un panier rempli de gobelets qu'elle pose sur une table. Puis ROSKAW.

INTRODUCTION.

LE CHOEUR, à demi-voix en commençant et qui va toujours crescendo.
> Un verre de genièvre
> Vous réchauffe le cœur;
> Quand sa douce liqueur
> Vient humecter ma lèvre,

Esclave, je suis Roi ;
L'univers est à moi,
Je suis Roi
Quand je boi !

SOWBAKIN, tenant son verre à la main.

Dans les entrailles de la terre,
La pioche en main, s'il faut fouiller,
Loin du ciel et de la lumière,
Nuit et jour, s'il faut travailler...

LE CHOEUR.

Un verre de genièvre
Vous ranime le cœur ;
Quand sa douce liqueur
Vient humecter ma lèvre,
Esclave, je suis Roi ;
L'univers est à moi,
Je suis Roi
Quand je boi !

(On entend au dehors la cloche de la mine.)

ROSKAW, entrant, aux ouvriers.

Amis, entendez-vous ?... c'est la cloche qui sonne :
Esclaves, au travail... C'est le Czar qui l'ordonne.

TOUS, à demi-voix.

Oui vraiment ;
Mais auparavant...

LE CHOEUR, à demi-voix.

Un verre de genièvre
Qui ranime le cœur !
Quand sa douce liqueur
Vient humecter ma lèvre,
Esclave, je suis Roi ;
L'univers est à moi,
Je suis Roi
Quand je boi !

(Ils sortent tous par les côtés.)

SCÈNE II.

LISANKA, ROSKAW.

LISANKA.

Eh bien, André, tu ne vas pas à l'ouvrage avec eux?... Dis-moi pourquoi, chaque jour, tu deviens plus triste et plus maussade.

ROSKAW.

Parce que je t'aime !

LISANKA.

M'est avis, au contraire, que ça serait une raison pour être aimable...

ROSKAW.

Est-ce que je le peux ? Est-ce que ton père n'est pas un homme riche, un homme libre, l'intendant du château de Polotsk ?... et moi, André Roskaw, esclave et paysan moscovite ?...

LISANKA.

Esclave ! notre maîtresse la princesse Polowska, ma marraine, ne t'a-t-elle pas affranchi ?...

ROSKAW.

C'est vrai.

LISANKA.

Et donné, dans les mines de ce domaine, une place de contre-maître ?

ROSKAW.

C'est vrai.

LISANKA.

Où tu gagnes vingt-cinq copecks par jour... C'est là une fortune !

ROSKAW.

Eh bien!... c'est depuis cette fortune que je suis plus misérable que jamais...

LISANKA.

Voilà du nouveau, et si tu voulais m'expliquer cela...

ROSKAW.

Oui... oui... il le faut ! car ce secret-là, je ne peux pas te le cacher plus longtemps... ça m'étoufferait...

LISANKA.

Et je ne veux pas que vous étouffiez ! parlez vite, monsieur, parlez !

ROSKAW.

Je t'ai demandée en mariage à ton père...

LISANKA.

Qui a répondu, en homme sage, que lorsque tu aurais fait des économies et amassé quelque chose...

ROSKAW.

Mais pour amasser il faut des jours, des mois, des années... et moi je t'aimais tant, que j'étais pressé d'être heureux... Aussi je rêvais toujours à ces esprits de la nuit, à ces démons que l'on rencontre si souvent dans les mines de Polotsk, et qui indiquent aux mineurs de l'or et des diamants cachés !

LISANKA.

Ici, dans des mines de sel !

ROSKAW.

Dame ! c'est reconnu... c'est avéré dans le pays ! on ne raconte jamais autre chose à la veillée !

LISANKA.

Je ne dis pas non !

ROSKAW.

Et moi, je me disais : si le soir, dans une des galeries

de la mine, quelque démon de feu vient à m'apparaître... quelque laid qu'il soit... pourvu qu'il me fasse épouser Lisanka, je me donne à lui ! et ma foi...

LISANKA, effrayée.

Tu t'es donné au diable !

ROSKAW.

A peu près !

LISANKA, de même.

Ah ! mon Dieu !

ROSKAW.

Car, voyant que les farfadets et surtout les trésors n'arrivaient pas, je me suis mis à les chercher ailleurs... je me suis mis à jouer...

LISANKA.

Toi ?

ROSKAW.

Pour m'enrichir plus vite... je jouais, le dimanche, ma paye de toute la semaine, avec mes compagnons les contre-maîtres... J'ai gagné d'abord... je les gagnais tous... et puis j'ai perdu... perdu toujours... c'est comme une fatalité... et depuis ce moment-là...

LISANKA.

Ça t'a dégoûté du jeu ?

ROSKAW.

Au contraire !

AIR.

C'est un feu qui brûle sans cesse,
Torturant ou charmant le cœur,
Et le desséchant par l'ivresse,
Le désespoir ou la fureur !

   Dans la fièvre qui m'emporte,
   De l'or !... il me faut de l'or !
   Dussé-je perdre !... qu'importe ?
   Pourvu que je joue encor !

C'est un feu qui brûle sans cesse, etc.

Oui, l'enfer lui-même,
Séjour d'anathème,
N'est pas plus affreux !
L'éternel bitume
Qui chez lui s'allume
N'a pas tant de feux !

Aussi je préfère
L'ardente chaudière
Aux flots soulevés,
Où Satan rassemble,
Pour bouillir ensemble,
Tous les réprouvés !

Oui, l'enfer lui-même, etc.

SCÈNE III.

ROSKAW, LISANKA, CONSTANTIN NÉLIDOFF, un Mineur.

LISANKA, à Roskaw qui est allé s'asseoir.

Roskaw... écoute-moi... reviens à la raison.

CONSTANTIN, entrant suivi d'un ouvrier qui lui désigne Lisanka.

Ah ! c'est là la fille de monsieur l'intendant !

LISANKA, apercevant Constantin.

Un jeune officier en courrier !

CONSTANTIN, à l'ouvrier qui s'éloigne.

Ne dételez pas... je ne reste qu'un instant... (A Lisanka qu'il salue.) D'ici à la frontière, ma jolie fille, combien y a-t-il ?

LISANKA.

Six grandes lieues, mon officier.

CONSTANTIN.

Six lieues !... et il faut qu'aujourd'hui, avant deux heures, le message impérial soit remis... sinon, malheur au courrier !...

LISANKA.

On va vite sur la neige; mais vous n'avez pas de temps à perdre.

CONSTANTIN.

J'ai pourtant promis de m'arrêter ici, à Polotsk, pour remettre une lettre importante à l'intendant du château, monsieur Bobrinskoï...

LISANKA.

Mon père! (Tendant la main.) Donnez.

CONSTANTIN.

A lui-même, en personne!

LISANKA.

Il fait sa visite du matin, dans les bois qui environnent le château... mais il rentrera vers midi... c'est un quart d'heure à attendre!

CONSTANTIN.

Un quart d'heure... je peux le lui donner... mais pas une minute de plus!

LISANKA, indiquant la cheminée qui est au fond.

En attendant, mon officier, chauffez-vous et reposez-vous un peu... (Allant à Roskaw qui est assis à gauche près de la table, la tête dans ses mains, comme plongé dans ses réflexions.) Roskaw!... Roskaw!... va guetter le retour de mon père... et tu nous l'enverras!... (Voyant Roskaw qui se lève machinalement et qui hésite à sortir, elle lui dit avec douceur :) Mais, va donc !...

(Roskaw lui obéit, et s'éloigne vivement par la gauche.)

SCÈNE IV.

LISANKA, CONSTANTIN.

LISANKA, à Constantin qui est près de la cheminée.

Vous avez raison de vous chauffer, mon officier... car il fait froid... et vous venez peut-être de loin ?...

CONSTANTIN, gaiement et redescendant en scène.

De Saint-Pétersbourg!... tout d'une traite...

LISANKA.

Ah! mon Dieu! vous devez être abîmé de fatigue!

CONSTANTIN.

Moi!... un homme, c'est tout simple! Mais l'étonnant, l'admirable, c'est une jeune femme que j'ai rencontrée à plus de moitié route, à cent lieues d'ici, et à qui j'ai servi de cavalier et d'escorte! Courant, comme moi, jour et nuit, elle ne s'est, je crois, reposée qu'une heure ou deux sur la paille, en attendant les chevaux de poste qui nous manquaient... et un courage... un esprit... une gaieté!

LISANKA, riant et avec emphase.

Une beauté!

CONSTANTIN.

Non!

LISANKA.

Je veux dire : jolie, bien faite...

CONSTANTIN, gaiement.

Non!... ma foi, non!... rien de tout cela! et pourtant charmante, gracieuse, adorable; on oublie, en l'écoutant, les mauvais chemins et le froid! on est bien... on a chaud! on se croit dans un salon... le salon le plus élégant et du meilleur ton!

CAVATINE.

> Quand la blanche neige
> S'étend dans les champs,
> Quand rien ne protége
> Contre les autans,
> Et que l'on voyage
> Dans un seul traineau,
> Sous un seul manteau,
> Qui pendant l'orage
> Vous couvre tous deux...
> Ah! qu'on est heureux!

'Entendez-vous tous les vents à la fois
   Siffler au loin dans la campagne?
Contre son cœur, sans le vouloir, je crois,
   On presse sa jeune compagne,
   On réchauffe ses jolis doigts...
   Ah! ah!...

           Quand la blanche neige, etc.

LISANKA.

C'est-à-dire, mon officier, que vous êtes amoureux de votre compagne de voyage.

CONSTANTIN, avec franchise.

Moi! je n'y avais pas encore pensé!... (Réfléchissant.) Et vous qui parlez, cette idée-là ne vous serait peut-être pas venue, si vous l'aviez vue... (S'interrompant, en souriant.) Et pourtant, je dois convenir que depuis une heure que je l'ai quittée, la route me paraît longue en diable, et le temps affreux!

LISANKA.

Voyez-vous? déjà!... Et vous l'avez quittée?...

CONSTANTIN.

A quelques lieues d'ici, à la première maison où l'on a pu lui offrir un lit... Car elle tombait de sommeil et ne pouvait aller plus loin.

LISANKA.

Et où va-t-elle ainsi?

CONSTANTIN.

Aux eaux de Carlsbad, en Bohème... pour sa santé!

LISANKA.

C'est singulier... Il y aurait de quoi la rendre malade...

CONSTANTIN, réfléchissant.

Au fait!... il pourrait bien y avoir un autre motif... (Avec insouciance.) Cela ne me regarde pas! Elle m'a prié, moi que le devoir forçait de continuer ma route, de remettre la lettre que j'ai là... à votre père... (Se promenant avec impatience.) qui n'arrive pas !

LISANKA.

Il ne peut tarder maintenant; un peu de patience, mon officier !

CONSTANTIN, avec ironie.

Officier... officier... vous me faites trop d'honneur.

LISANKA.

Ne l'êtes-vous pas ?

CONSTANTIN.

Soldat !... je suis parti soldat ! et comme je me suis bien battu, ils m'ont fait sergent ! Mais j'ai fait prisonnier, de ma main, un officier de janissaires... et ils m'ont laissé sergent ! J'ai enlevé un drapeau... reçu deux blessures ! et sergent !... toujours sergent !...

LISANKA.

Et pourquoi ?

CONSTANTIN.

Pourquoi ?... Parce qu'il m'est défendu, à moi, de monter plus haut ! parce que le comte Nélidoff, mon père, ministre sous le dernier règne, a été proscrit, exilé, dégradé de noblesse dans sa personne et dans celle de ses descendants.

LISANKA.

Quelle injustice !

CONSTANTIN, vivement.

N'est-ce pas ? ce serait à se tuer, sans l'espoir de venger un jour mon père sur quelques-uns de ses persécuteurs.

(On entend en dehors un bruit de marche militaire.)

SCÈNE V.

LISANKA, CONSTANTIN, ROSKAW, entrant vivement.

LISANKA.

Eh bien ! mon père...

ROSKAW, s'adressant à Lisanka.

N'est pas encore rentré.... Mais entendez-vous ? entendez-vous ?

LISANKA.

Une marche de régiment !

ROSKAW.

Un fameux régiment ! les chevaliers-gardes, qui a pour colonel le prince Zizianow.

CONSTANTIN, vivement et avec colère.

Zizianow !...

LISANKA.

Vous le connaissez ?

CONSTANTIN, se modérant et reprenant son sang-froid.

De nom. Qui ne le connaît pas à Saint-Pétersbourg ?... le neveu de l'ancien premier ministre comte de Biren... brave militaire, beau cavalier et joueur effréné.

ROSKAW, à part.

Lui aussi !

LISANKA.

Comme tous les grands seigneurs russes, qui par état n'ont rien à faire !

CONSTANTIN.

Du reste, m'a-t-on dit, âpre et superstitieux au jeu, où il a déjà dissipé une grande partie de sa fortune ; aussi est-il toujours sans argent !

ROSKAW, à part.

Comme moi !

CONSTANTIN, à lui-même.

Et être obligé de partir!... quel contre-temps!... mais mon message rempli, je reviendrai... (Haut, à Lisanka.) Tu remettras donc cette lettre à ton père, à lui seul... Adieu! adieu!...

(Il s'élance par la porte du fond à droite et disparaît, pendant qu'on entend toujours au dehors la marche militaire dont le bruit augmente.)

LISANKA, à Constantin qui s'éloigne par la porte du fond, à droite.

Soyez tranquille!... (Regardant par la porte du fond à gauche.) Ah! mon Dieu! tous ces officiers, comme ils ont l'air gelé!

ROSKAW, à Lisanka.

C'est égal!... je ne te quitte pas!

SCÈNE VI.

LES MÊMES; ZIZIANOW et DES OFFICIERS de son régiment entrant par la gauche, entraînant avec eux DES ESCLAVES portant des brassées de bois qu'ils jettent dans la cheminée où s'élève bientôt une flamme brillante.

LES OFFICIERS.

Que la flamme brille!
Que le feu pétille!
Et que du foyer
Gerbe radieuse
S'élance joyeuse
Pour nous égayer!

ZIZIANOW.

Si la châtelaine est absente,
Tenons garnison en ces lieux!
(Regardant Lisanka.)
Fille jolie et flamme ardente
(Montrant la cheminée.)
Réchauffent le cœur et les yeux!

LES OFFICIERS.

Que la flamme brille! etc.

SCÈNE VII.

Les mêmes; KLAREMBERG, entrant par la porte du fond à droite.

KLAREMBERG.

La peste soit des étourdis!... ils vont, ils vont comme la foudre, brisant, renversant tout sur leur passage, culbutant les paisibles voyageurs, sans s'inquiéter seulement du danger, du malheur, qui... que...

ZIZIANOW.

M. de Klaremberg!

KLAREMBERG.

Le prince Zizianow!

ZIZIANOW, gaiement.

Comment! ce traîneau que ma kibitka a renversé aux portes du château, c'était le vôtre!

KLAREMBERG.

Oui, mon prince! deux pieds de neige par-dessus la tête!

ZIZIANOW, lui serrant la main.

Comme on se rencontre!... un ami!... un trésorier! car vous êtes le mien! je suis votre obligé... (Aux officiers qui l'entourent.) Je vous présente M. Klaremberg, un riche banquier allemand, qui a toujours des capitaux au service de ses amis!

TOUS LES OFFICIERS, passant près de lui et lui donnant la main.

Monsieur... monsieur, je suis le vôtre.

ZIZIANOW.

Je vous croyais à Saint-Pétersbourg, près de l'empereur.

KLAREMBERG.

Qui m'a fait aussi l'honneur de me toucher dans la main!

ZIZIANOW.

Vous devez en être fier; car cela prouve, mon cher...

KLAREMBERG.

Qu'il a besoin d'argent!

ZIZIANOW.

C'est juste! ce nouvel emprunt dont parlait la *Gazette de la Cour*, et pour lequel il vous offre les conditions les plus avantageuses : douze pour cent, je crois...

KLAREMBERG.

Plus encore! et par-dessus le marché, le titre de comte, la croix de Saint-Wladimir, et celle de Newski...

ZIZIANOW.

Vous acceptez!

KLAREMBERG.

J'ai refusé.

ZIZIANOW.

De tels honneurs!...

KLAREMBERG.

Ils me reviendraient trop cher!... car le czar Pierre III, votre empereur, ne me paraît pas des plus solides sur son trône!

ZIZIANOW, haussant les épaules.

Allons donc!

KLAREMBERG.

Que voulez-vous? les écus ont un instinct naturel de conservation qui les avertit du danger!

ZIZIANOW, riant.

Pourtant vous m'avez prêté... et plusieurs fois... à moi!

KLAREMBERG, de même.

On a des jours de bravoure... ou d'imprudence...

ZIZIANOW, riant.

Vous avez de l'esprit.

KLAREMBERG.

Quoique banquier!

ZIZIANOW.

Et nous ne nous quitterons pas ainsi. Vous resterez à dîner avec nous dans ce château...

KLAREMBERG.

Qui est à vous?

ZIZIANOW.

Non! mais comme colonel d'un régiment qui vient tenir garnison sur la frontière...

KLAREMBERG.

Tout vous appartient! vous êtes les maîtres!

ZIZIANOW, souriant.

A peu près.

KLAREMBERG.

Et les autres?... les vrais!... qui sont-ils?

LISANKA, s'avançant et faisant la révérence.

Les Polowski... dont il ne reste qu'une seule et dernière héritière, la princesse Polowska, ma marraine.

ZIZIANOW, avec crainte.

Ah! diable! vous dites la princesse Polowska... Est-ce qu'elle est ici?

LISANKA.

Non, colonel...

ZIZIANOW, de même.

Est-ce qu'elle y vient souvent?

LISANKA.

Hélas, non! elle n'a pas revu ce domaine depuis qu'elle m'a tenu sur les fonts de baptême... c'est-à-dire depuis dix-huit ans au moins!

ZIZIANOW.

Cela me rassure.

KLAREMBERG.

Pourquoi?

ZIZIANOW.

Connaissez-vous la princesse Polowska?

KLAREMBERG.

Je me suis rencontré avec sa mère, une fois, à la cour, dans une occasion que jamais je n'oublierai; mais la princesse actuelle... je ne la connais pas...

ZIZIANOW.

Eh bien! moi qui vous parle, j'ai dû l'épouser!

KLAREMBERG, et LES OFFICIERS.

Vous, colonel!

ZIZIANOW.

Oui, messieurs. Notre auguste empereur Pierre III, qui m'honore de quelques bontés, voulait absolument me faire revenir de mon gouvernement de Novogorod pour me marier à la jeune Polowska, dame d'honneur et favorite de sa femme, l'impératrice Catherine.

KLAREMBERG.

Il me semble que c'était là un beau et riche mariage.

ZIZIANOW.

Maintenant!... mais alors il y avait deux frères qui depuis, heureusement... et bien d'autres obstacles qui subsistent toujours... D'abord la jeune princesse boitait horriblement...

KLAREMBERG.

En vérité...

ZIZIANOW.

Ce ne serait rien! on en est quitte pour ne pas danser aux bals de la cour. Mais elle ne se contente pas d'être boiteuse, elle est bossue!

KLAREMBERG, étonné.

Ah! bah!

LISANKA, qui s'est approchée de lui et à demi-voix.

Eh oui... ma pauvre marraine est comme ça... (Haussant

l'épaule.) Mon père, qui a été souvent à Saint-Pétersbourg pour lui porter ses fermages, me l'a assuré...

KLAREMBERG, rappelant ses souvenirs.

Mais en effet... en effet... je me rappelle maintenant en avoir entendu parler!... une bossue qui ne manque ni de caractère, ni d'esprit, car votre empereur, qui ne se pique guère de galanterie, lui ayant dit brutalement un soir : « Eh! mais, Dieu me pardonne! princesse Polowska, vous êtes bossue! » Elle lui répondit froidement : « Oui, sire!... mais Votre Majesté est le premier homme qui m'en ait fait apercevoir!... »

ZIZIANOW.

Justement! outre ses qualités physiques, elle est railleuse et moqueuse; je savais tout cela! et prudemment je suis resté dans mon gouvernement de Novogorod, refusant et le mariage et même l'entrevue que l'on me proposait... Aussi la princesse m'en veut à la mort... et je ne sais pas trop si nous sommes ici en sûreté.

(En ce moment plusieurs domestiques entrent portant des pipes, des bouteilles et des verres qu'ils placent sur différentes tables.)

ZIZIANOW, se retournant.

Qu'est-ce?

LISANKA.

Voici, messeigneurs, des pipes, du tabac et des rafraîchissements.

KLAREMBERG.

De quelle part?

LISANKA.

De la part de ma marraine, qui veut que dans son château et en son absence, on offre l'hospitalité à tous les étrangers qui se présentent.

KLAREMBERG.

Fût-ce à un régiment... c'est très-bien, et voilà une petite bossue...

LISANKA.

Qui est grande et généreuse!
(Klaremberg, Zizianow et deux ou trois officiers supérieurs s'asseyant près des tables à droite et à gauche, fument et boivent. Les autres officiers en font autant, assis autour de l'immense cheminée qui fait face au spectateur, et forment un bivouac au milieu du salon.)

KLAREMBERG, fumant et regardant autour de lui.

Savez-vous, colonel, qu'en refusant d'épouser la princesse, vous avez perdu là un beau château.

ZIZIANOW.

Plus bizarre qu'élégant... tout y représente un aspect singulier... la forme de l'édifice, les caractères inconnus qui décorent les murs... jusqu'aux armoiries que je vois au-dessus de cette immense cheminée.

LISANKA.

Ce sont, monseigneur, celles de la famille Polowski.

ZIZIANOW.

Je comprends bien, les tours, les lambrequins, et *cætera*; mais au milieu de tout cet attirail héraldique... je ne m'explique pas, là, dans le coin, cette figure qui ressemble, Dieu me damne! à une dame de pique!

LISANKA.

C'est cela même!

ZIZIANOW.

La dame de pique!... dans les armes de Polowski!... d'où diable cela vient-il?

LISANKA.

Mon père vous l'expliquera mieux que moi... je lui ai entendu dire, ainsi qu'aux anciens du pays, qu'autrefois un Polowski avait perdu au jeu tous ses domaines...

ZIZIANOW.

Voilà qui m'intéresse... (A ses officiers.) N'est-il pas vrai?

(A Lisanka.) Ainsi, ma belle enfant, raconte-nous cette histoire.

LISANKA.

Il ne restait plus au comte Polowski que ce château, qu'il aurait bien voulu jouer aussi, mais il ne le pouvait pas... vu qu'il était substitué ; alors ne sachant plus à quel saint se vouer, il se donna...

KLAREMBERG.

A quelque banquier !...

LISANKA.

Non !... au diable, à ce qu'on dit !

ZIZIANOW, avec impatience.

Eh bien?

LES OFFICIERS et ROSKAW, de même.

Eh bien?

LISANKA.

LÉGENDE.

Premier couplet.

Soudain un démon apparut ;
C'était monseigneur Belzébuth,
Habillé d'or et de satin,
Tenant trois cartes à la main :
L'une était la dame de pique,
Reine noire, au sceptre magique,
Et Belzébuth la lui montra,
Disant : « Pour dame, prenez-la.
 La dame noble et belle
  Que vous voyez là,
   A sa foi fidèle,
Jamais ne la trahira !... »

(Montrant le portrait de la Dame de Pique, placé au dessus de la cheminée du fond.)

  C'est pour cela
  Qu'elle est là !

Deuxième couplet.

La foudre aussitôt retentit ;
La dame s'anime et grandit,
Et, par un prodige nouveau,
De son doigt tirant un anneau :
« C'est moi, c'est la dame de pique,
Reine noire, au sceptre magique,
Dit-elle, que tu fienças !... »
(S'adressant aux officiers.)
Et seule peut-être ici bas,
La dame noble et belle
Que vous voyez là
Jamais, dit-on, ne le trompa.
Au jeu, par elle,
Toujours il gagna !...
C'est pour cela
Qu'elle est là.

LE CHŒUR.

C'est pour cela
Que nous la voyons là ;
L'étrange histoire que voilà !

ZIZIANOW.

Je conçois qu'à ces conditions-là on épouse toutes les femmes du monde, même la *dame de pique ;* mais vous, Klaremberg, qui n'êtes pas de notre pays, qui êtes un Allemand, est-ce que vous croyez à nos légendes slaves ?

KLAREMBERG.

Pourquoi pas ? J'ai entendu dire, dans ma jeunesse, que les Polowski avaient la réputation de gagner toujours au jeu.

ROSKAW, à Lisanka.

Ils sont bien heureux, ceux-là !

ZIZIANOW, portant la main à son front.

Attendez donc... j'avais en effet un grand-oncle qui ne jouait jamais contre eux, persuadé qu'ils connaissaient *trois cartes gagnantes*, sur lesquelles on pouvait ponter, à coup sûr, à la mirandole et au pharaon...

ROSKAW, de même.

Voilà le secret qu'il me faudrait!

(Lisanka lui fait un geste de reproche et sort par la gauche en emportant plusieurs flacons vides qu'elle a pris sur la table.)

ZIZIANOW.

Secret qu'ils se transmettaient dans leur famille, de génération en génération!

TOUS LES OFFICIERS.

Allons donc! ce n'est pas possible!

KLAREMBERG, froidement et d'un air rêveur.

Peut-être bien!

ZIZIANOW, vivement.

Que voulez-vous dire?

KLAREMBERG.

Que je ne me charge de rien expliquer; mais voici à moi ce qui m'est arrivé, il y a plus de vingt ans. Quoique jeune alors, j'avais déjà une réputation de capacité et de fortune telle, que j'avais été choisi par plusieurs riches maisons d'Allemagne, pour traiter une importante affaire à la cour de Russie, où je fus reçu à merveille; on daigna même, le soir de mon arrivée, m'admettre au jeu de l'impératrice Élisabeth...

ZIZIANOW.

Faveur très-recherchée...

KLAREMBERG.

Et dont j'étais désespéré. Car je perdais des sommes immenses, sans oser me retirer et sans que personne prit pitié de moi... excepté une dame âgée assise près de l'impératrice, et qui portait à son doigt, je m'en souviens, un anneau d'une forme singulière... J'ai su depuis que c'était la princesse Polowska qui me regardait avec un air d'intérêt et de

4.

compassion. « Tenez, me dit-elle à voix basse en choisissant parmi les cartes qui jonchaient le tapis, celles-ci ne peuvent servir qu'une seule fois ; mais pontez dessus tout ce que vous voudrez. » Et elle me remit trois cartes.

ZIZIANOW et ROSKAW, vivement.

Lesquelles?

KLAREMBERG, froidement.

Inutile de vous les dire, mais je peux cependant vous avouer qu'une des trois était la dame de pique!

TOUS.

O ciel!

ZIZIANOW, vivement.

Et vous avez gagné?

KLAREMBERG.

Tout ce que j'avais perdu, et au delà. L'impératrice et moi avions décavé tous les joueurs et les parieurs ! et comme je m'approchais de la princesse pour la remercier : « Silence ! me dit-elle ; jurez-moi seulement de ne plus jouer, et de ne parler à personne de cette aventure, tant que je serai vivante... » Promesse que j'ai fidèlement tenue, car je n'ai plus touché une carte de ma vie, et voici, depuis la mort de la princesse, la première fois que je raconte l'anecdote !

ROSKAW, réfléchissant.

Et elle a emporté avec elle son secret !...

ZIZIANOW, de même.

Mais, ce secret... elle a dû le laisser à sa fille... la seule et dernière héritière des Polowski!

KLAREMBERG, froidement.

C'est probable. (Riant.) Et vous avez refusé de l'épouser?...

ZIZIANOW, à part.

Ah ! si je l'avais su !

KLAREMBERG.

Refusé même de la voir!... vous lui avez fait là un affront qu'une femme ne pardonne pas !

ZIZIANOW.

Est-ce que je pouvais deviner!... (A Lisanka, qui rentre.) Qu'est-ce que tu me veux?

SCÈNE VIII.

Les mêmes ; LISANKA.

LISANKA.

Un jeune homme, un courrier qui a passé ici ce matin, et qui est déjà de retour, demande à parler en particulier à monsieur le prince Zizianow.

KLAREMBERG et LES AUTRES OFFICIERS se levant.

Nous vous laissons, colonel!

ZIZIANOW.

Non, messieurs!

LISANKA.

Il est porteur d'un message impérial.

ZIZIANOW, vivement.

Impérial!... (Aux officiers.) A bientôt, messieurs! à bientôt! (A Lisanka.) Qu'il entre!

(Les officiers sortent par le fond à gauche avec Klaremberg et Roskaw ; Lisanka introduit Constantin qui entre par la droite, puis elle sort du même côté.)

SCÈNE IX.

CONSTANTIN paraît, s'approche de ZIZIANOW, qu'il salue militairement.

ZIZIANOW.

Vous venez, monsieur, de la part de l'empereur?...

CONSTANTIN, froidement.

Non, colonel... de la mienne!

ZIZIANOW.

Que signifie une pareille audace?...

CONSTANTIN.

Constantin Nélidoff... ce nom doit vous l'expliquer...

DUO.

CONSTANTIN, montrant ses galons de sergent.

Depuis trois mois je porte cet insigne
Et reste seul, oui, seul, de tous les miens!

ZIZIANOW, le regardant.

Ah! de leur nom vous vous montrerez digne!

CONSTANTIN.

C'est pour cela, monseigneur, que je viens.
Par vous mon père est mort en Sibérie!
Il est tombé sur le sol étranger
Et m'a laissé, prêt à quitter la vie,
Et son honneur et sa mort à venger!

Oui, je lui dois vengeance;
C'est ma seule espérance!
Pour punir votre offense,
Me voici dans ces lieux.
Oui, la guerre! la guerre!
Me fût-elle contraire!
A qui venge son père
Dieu même ouvre les cieux!

ZIZIANOW.

A vos vœux, par malheur, je ne puis satisfaire.

CONSTANTIN.

Vous êtes colonel et moi sous-officier;
C'est mériter la mort qu'oser vous défier!
Mais à deux pas d'ici s'élève la frontière;
En Pologne, du moins, on peut venger son père :
J'y cours pour vous attendre!... y suivrez-vous mes pas?

ZIZIANOW, froidement.

Je ne le puis!

CONSTANTIN.
Vous n'osez pas!

Ensemble.

CONSTANTIN.

Vous craignez ma vengeance!
Et punir votre offense
Est ma seule espérance!
Ainsi donc à nous deux!
Oui, la guerre! la guerre!
Me fût-elle contraire!
A qui meurt pour son père
Dieu même ouvre les cieux!

ZIZIANOW.

De sa noble vengeance
Je comprends l'espérance!
J'estime la vaillance
Dans un fils généreux!
A sa juste colère
Je ne puis satisfaire,
Car le destin contraire
Se refuse à mes vœux!

Oui, j'ai su commander à ma juste colère!
(Tirant de sa poche un papier qu'il lui remet.)
Sur ce billet veuillez jeter les yeux!
Vous verrez qu'il m'est dû par votre noble père
Trois cent mille roubles!

CONSTANTIN.

Grands dieux!

ZIZIANOW.

On ne s'acquitte pas avec un coup d'épée;
Ce serait trop commode et souvent trop certain!
Que sa dette par vous soit payée... et soudain
Votre attente par moi ne sera pas trompée,
Je l'atteste!

CONSTANTIN, voulant insister.

Monsieur...

ZIZIANOW.

C'est là mon dernier mot!
Pour vous, pour moi, tâchez que ce soit au plus tôt

Ensemble.

CONSTANTIN.

Comble de rage!
Nouvel outrage
Qui le dégage
En son honneur!
Terribles chaînes
Qui rendez vaines
Mes justes haines
Et ma fureur!

ZIZIANOW.

A son courage
Je rends hommage!
Que se dégage
Mon débiteur!
Et puis, qu'il vienne
Contre la mienne
Briser sa haine
Et sa fureur!

(A la fin de ce duo, Constantin se jette, hors de lui, sur un fauteuil à gauche.)

SCÈNE X.

LES MÊMES; LISANKA, accourant avec émotion.

LISANKA, courant à Constantin.

Ah! monsieur le sergent... vous ne savez pas!... la lettre que vous apportiez à mon père et que je lui ai remise, était de ma marraine... la princesse Polowska.

ZIZIANOW et CONSTANTIN, surpris.

La princesse!...

LISANKA, *s'adressant toujours à Constantin.*

Votre compagne de voyage!... celle dont vous avez été le chevalier!

CONSTANTIN.

Ce n'est pas possible!

LISANKA.

Elle prévenait, par cette lettre, son intendant, de son arrivée dans ce domaine.

ZIZIANOW, *effrayé.*

Elle doit donc y venir?

LISANKA, *avec satisfaction.*

Je le crois bien! elle a fait demander en descendant de son droschki M. Bobrinskoï, mon père, avec qui elle est enfermée en ce moment.

ZIZIANOW, *avec impatience.*

Elle est donc ici?

LISANKA.

Mais oui, monsieur.

SCÈNE XI.

LES MÊMES; PAYSANS et PAYSANNES du domaine. LA PRINCESSE POLOWSKA, appuyée sur une canne, s'avance en boitant, elle est légèrement bossue. LISANKA, KLAREMBERG et PLUSIEURS OFFICIERS entrent derrière elle.

LE CHOEUR.

Jour de fête et d'allégresse!
Mes amis, accourez tous!
C'est notre jeune maîtresse
Qui vient enfin parmi nous!

LA PRINCESSE.

AIR.

Créneaux que je vois apparaître,

Toit paternel ! heureux séjour !
Beaux arbres qui m'avez vue naître,
Me voici !... je suis de retour !

Dans ces lieux chers à mon enfance,
Qu'après si longtemps je revoi,
Tout s'est embelli par l'absence,
Tout s'embellit...

(Tristement.)
Excepté moi !

Créneaux que je vois apparaître, etc.

LE CHŒUR.
De notre maîtresse chérie
Que Dieu rende les jours plus doux !

LA PRINCESSE.
Amis, ne plaignez pas ma vie,
Elle est heureuse près de vous !

Fille charmante,
Rose piquante,
Que chacun vante,
Prompte à s'enivrer !
Froide et hautaine,
Se montre vaine
Et comme Reine
Se laisse adorer !
La laideur,
Par bonheur,
A son prix.
Mes amis,
Par l'esprit
Qui séduit,
Par le cœur,
La douceur,
Par la grâce,
On remplace
Les appas
Qu'on n'a pas !

Oui, cette laide,
Pour qui je plaide,
Souvent possède,
Franchise et gaîté;
Sans être légère,
Coquette, ni fière,
Elle ne veut plaire
Que par la bonté!

Fille charmante, etc.

LA PRINCESSE, s'adressant à Klaremberg, qu'elle salue.

Mon intendant vient de m'apprendre que j'avais l'honneur de recevoir M. de Klaremberg, le banquier.

KLAREMBERG.

Dont la princesse votre mère a dû vous parler, madame.

LA PRINCESSE.

Beaucoup, monsieur... aussi je m'estime heureuse de vous offrir l'hospitalité... à vous aussi, prince Zizianow, que je suis enchantée de voir! Je crains qu'il n'y ait pas chez vous réciprocité...

ZIZIANOW, s'inclinant.

Ah! madame!

LA PRINCESSE, souriant.

Je vous aurai dérangé peut-être, et vous demande pardon d'arriver ainsi à l'impromptu chez moi... dans ce château, où, pour des militaires, la présence d'une femme est toujours un peu gênante!... Je tâcherai que la maîtresse de la maison le soit le moins possible, et je compte, pour elle... (Avec un gracieux sourire.) sur votre indulgence...

ZIZIANOW.

Ah! madame!... c'est m'accabler!... (Avec embarras.) Que devez-vous penser de moi?

LA PRINCESSE, le regardant.

Que vous êtes un homme de tact, d'esprit... (Se regardant elle-même.) et de goût!

ZIZIANOW.

Et moi, qui vous croyais vindicative, mordante et maligne!

LA PRINCESSE, avec malice.

Écoutez donc, nous nous trompons peut-être tous les deux!

KLAREMBERG, bas à Zizianow.

Colonel, vous êtes battu!

ZIZIANOW, de même.

J'en ai peur!

LA PRINCESSE, pendant ce temps, s'est retournée vers les paysans, qu'elle salue avec bonté.

Et Lisanka, ma filleule, où est-elle?

LISANKA, s'avançant timidement.

Me voici, ma marraine!

LA PRINCESSE, la regardant.

Depuis dix-huit ans, je pense, tu ne me reconnais pas?

LISANKA.

Un peu, ma marraine!

LA PRINCESSE, avec étonnement.

En vérité!

LISANKA.

J'étais bien jeune et vous aussi, mais c'est égal...

LA PRINCESSE.

Je comprends... (Souriant.) il y avait déjà des points de ralliement et de reconnaissance.

LISANKA, se récriant.

Ah! ma marraine, ce n'est pas cela que je voulais dire...

LA PRINCESSE, gaiement.

Bah!... pourquoi t'en défendre?... à quoi bon dissimuler?... ce n'est pas mon système! Tout ce que fait Dieu est bien fait, à commencer par moi, qui ne me plains pas et me trouve très-bien... pour une bossue! sans parler de l'élégance de ma démarche, qui me rend complète et régulière de la tête aux pieds... réunion précieuse, dont on ne connaît pas, comme moi, tous les avantages. D'abord, cela nous délivre des déclarations des soupirants et des maris... (Se retournant vers le prince.) N'est-ce pas, prince Zizianow?

ZIZIANOW.

Ah! madame!...

LA PRINCESSE, se retournant et apercevant Constantin qui se tient modestement à l'écart.

Ah! monsieur Nélidoff... (D'un air gracieux.) je vous cherchais!... vous êtes disparu, depuis que je n'ai plus besoin de vous... C'est mal! (Lui prenant la main.) Je vous présente, messieurs, mon compagnon de voyage, mon vaillant chevalier... celui qui m'a sauvée... (Riant.) Sauveur d'une jolie femme!... Je ne le remercierais pas, il n'y aurait pas de mérite; mais lui!... c'est différent! Imaginez-vous, messieurs, que mon escorte et moi nous venions de rencontrer sur la grande route une troupe de bandits qui, sous prétexte d'être cosaques, baskirs ou kalmouks, prétendaient nous piller. Mon escorte avait commencé bravement par s'enfuir... je ne pouvais en faire autant et je tremblais... peut-être à tort... lorsqu'un coup de feu me rassure! Les pillards avaient disparu devant un jeune courrier qui s'élançait sur eux le pistolet d'une main et la cravache de l'autre! C'était monsieur!... le sergent d'artillerie Constantin Nélidoff, devenu désormais ma seule escorte, mon protecteur, et cela nuit et jour, messieurs, pendant plus de cent lieues! Heureusement pour lui le tête-à-tête était sans danger!...

(Souriant.)

CONSTANTIN, vivement.

Sans danger!... Vous vous trompez peut-être, princesse!

LA PRINCESSE, se récriant.

Ah! vous aussi, vous vous croyez obligé à des fadeurs!...

CONSTANTIN, de même.

Non! jamais voyage ne m'a paru aussi agréable, aussi piquant, et surtout aussi court!

LA PRINCESSE, riant.

Bien! quoique exagéré, le compliment ne me déplaît pas, et je vais m'efforcer d'y croire!... A mon tour, mon jeune protecteur, à vous faire mes offres de service... Et si je puis jamais vous aider dans votre avancement... dans votre fortune...

CONSTANTIN, regardant Zizianow.

La fortune... d'aujourd'hui seulement je me suis aperçu que j'en avais besoin!

LA PRINCESSE.

A votre âge on a toujours besoin de protection... (Lui tendant la main.) et d'amitié!... Je vous recommanderai d'abord au prince Zizianow... Nous ne sommes pas très-bien ensemble, mais il est au mieux avec notre auguste empereur, Pierre III.

ZIZIANOW.

Et je serai trop heureux, madame, de faire droit à votre recommandation.

LA PRINCESSE, riant.

Nous verrons... si vous savez obéir! Pour commencer vous accepterez, je l'espère... ainsi que ces messieurs, le dîner de la dame châtelaine... Je vais donner des ordres... (A Lisanka.) Viens, petite. (Saluant les officiers de la main.) A bientôt, messieurs... à bientôt.

(Elle sort avec Lisanka par la porte du fond à gauche.)

SCÈNE XII.

CONSTANTIN, ZIZIANOW, KLAREMBERG et LES OFFICIERS.

FINALE.

Ensemble.

TOUS, à demi-voix.

Quelle bossue aimable et belle!
Et quel esprit fin et coquet!

(A part.)

Et pourtant ce n'est pas en elle
Tout cela qui me séduirait!

CONSTANTIN, à part.

Que je la trouve aimable et belle!
Et quel esprit fin et coquet!
Plus charmante encor, c'est en elle
Son âme qui me séduirait!

KLAREMBERG, bas à Zizianow, à droite du théâtre.

Vous pensez toujours, c'est probable,
A son diabolique secret!

ZIZIANOW, avec colère.

Plus que jamais!

(Montrant Constantin.)

Elle est capable
De le dire à ce freluquet!

CONSTANTIN, à gauche, au milieu d'un groupe d'officiers avec qui il s'est mis à causer.

Et même, quand on la regarde,
Quel doux sourire et quels beaux yeux!

ZIZIANOW, s'avançant vers lui.

Nous allons croire, prenez garde,
Que vous en êtes amoureux!

CONSTANTIN.

Eh! qui de vous, messieurs, connaît de plus beaux yeux?

TOUS.

Quelle bossue aimable et belle! etc.

ZIZIANOW, à Constantin.

Depuis ce romanesque et galant tête-à-tête,
Convenez-en, mon cher... vous rêvez sa conquête

CONSTANTIN, se récriant vivement.

Y pensez-vous, monsieur?

ZIZIANOW, d'un air railleur.

Oui, sans doute, il n'est pas

Impossible après tout qu'elle fasse un faux pas !
(Avec intention.)
Plus aisément qu'une autre !

CONSTANTIN.

Ah !... même en épigramme,
Il est de mauvais goût d'insulter une femme !

ZIZIANOW, avec colère.

Monsieur !...

CONSTANTIN.

Vous l'attaquez, et moi je la défends !

ZIZIANOW.

Eh ! qui vous a donné ce droit-là ?

CONSTANTIN.

Je le prends !

Ensemble.

CONSTANTIN.

Dans mes veines bouillonne
Une juste fureur !
C'est l'honneur qui m'ordonne
D'être son défenseur !
Oui, ma cause est si belle
Que je n'hésite pas,
Prêt à risquer pour elle
Et mon sang et mon bras !

ZIZIANOW.

Dans mes veines bouillonne
Une juste fureur !
Oui, d'ici je soupçonne
Les projets de son cœur !
Pour se faire aimer d'elle,
Il veut armer son bras ;
Mais sa ruse nouvelle
Ne réussira pas !

KLAREMBERG et LES OFFICIERS.

Dans leurs veines bouillonne
Une jalouse ardeur !

Le devoir nous ordonne
De calmer leur fureur !
Oui, la cause en est belle ;
Pourtant il ne faut pas
Que deux rivaux pour elle
Arment ainsi leurs bras !

ZIZIANOW, à Constantin.

Ainsi, preux chevalier, lui vouant votre bras,
Vous défendez ici, même jusqu'à sa taille ?

CONSTANTIN.

Halte-là, colonel ! Je consens qu'on me raille...
Mais elle !... je l'ai dit, je ne le permets pas !

ZIZIANOW, avec ironie et s'adressant à ses officiers.

C'est fier !... mais je comprends d'où vient ce ton acerbe ?
La dame a peu d'attraits, mais la dot est superbe !...
Par ce feint dévoûment il voudrait l'abuser,
Et puis s'en faire aimer !...

CONSTANTIN, cherchant à retenir sa colère.
Monsieur !...

ZIZIANOW.
Et l'épouser !

Je veux dire la dot !

CONSTANTIN, s'élançant vers lui l'épée à la main.
Ah ! lâche et misérable !...

TOUS LES OFFICIERS, se jetant entre lui et Zizianow, et à voix basse
à Constantin qu'ils désarment.

Lever le fer sur lui, c'est vous rendre coupable !
Car il est colonel... et sur son seul rapport,
La mort vous attend !

CONSTANTIN, avec rage.
Soit !... la mort !

Ensemble.

CONSTANTIN.

Dans mes veines bouillonne
Une juste fureur !

J'ai dû, tout me l'ordonne,
Défendre mon honneur !
Oui, ma cause est si belle
Que je n'hésite pas !
Et je suis prêt pour elle
A braver le trépas !

ZIZIANOW.

Dans mes veines bouillonne
Une juste fureur !
Je dois, tout me l'ordonne,
Sévir avec rigueur !
Il a, soldat rebelle,
Sur moi levé le bras !
Audace criminelle
Que punit le trépas !

KLAREMBERG et LES OFFICIERS.

Dans leurs veines bouillonne
Une haineuse ardeur !
Il faut, tout nous l'ordonne,
(Montrant Zizianow.)
Désarmer sa fureur !
(Montrant Constantin.)
Il a, soldat rebelle,
Sur lui levé le bras !
La consigne cruelle
Ordonne son trépas !

(Pendant ce dernier ensemble, quelques soldats et les musiciens du régiment sont entrés. Les soldats se sont rangés au fond devant la cheminée et la musique à droite devant les fenêtres.)

ZIZIANOW, aux soldats, leur montrant Constantin.

Aux mines de Polotsk qu'on l'entraîne à l'instant !
L'empereur dictera plus tard son châtiment !

(Constantin sort par la porte du fond, à droite, emmené par les soldats.)

SCÈNE XIII.

Les mêmes excepté Constantin; au moment où Constantin vient de sortir par la porte du fond, à droite, DES JEUNES FILLES portant des fleurs entrent par la porte du fond, à gauche, précédant la PRINCESSE, qui entre, appuyée sur le bras de Klaremberg, qui a été au devant d'elle.

ZIZIANOW, à ses officiers.

C'est la princesse !

LA PRINCESSE, à Zizianow.

Je suis prête !

(Regardant les jeunes filles qui lui offrent des fleurs, et la musique militaire qui est rangée sur deux lignes devant les croisées de droite.)

Autour de moi, messieurs, quel air de fête !...

ZIZIANOW, étendant la main à droite.

La musique du régiment
Qui, pendant le repas...

LA PRINCESSE.

Ah ! d'honneur, c'est charmant !
De l'entendre je suis ravie !
Un orchestre admirable, et surtout peu commun !
Musiciens constants, qui n'ont, toute leur vie,
Jamais exécuté qu'une note... chacun !

LE CHOEUR.

Soirée enchanteresse
De plaisir et d'ivresse !
Et vous, chants d'allégresse,
Retentissez soudain !
Qu'à l'éclat des bougies
Les joyeuses folies
Et le feu des saillies
Animent le festin !

LA PRINCESSE, regardant autour d'elle.

Mais je n'aperçois pas notre jeune sergent !

SCÈNE XIV.

LES MÊMES; LISANKA se glissant à gauche près de sa maîtresse pendant que ZIZIANOW cause à droite avec ses officiers ou donne des ordres aux musiciens.

LISANKA, à voix basse.

Si vous saviez, madame... ah ! quel événement !
Contre son colonel... il voulait vous défendre...
Désarmé... prisonnier... on vient de le descendre
Dans les mines !...

LA PRINCESSE.

Grands dieux !

LISANKA, de même.

Une horrible prison
A six cents pieds sous terre !

LA PRINCESSE, se retournant d'un air gracieux vers les officiers qui sont au fond et vers Zizianow qui s'avance en ce moment au devant d'elle.

On vante avec raison
Les mines de Polotsk !...

ZIZIANOW, à part.

Ah ! quel est son dessein ?

LA PRINCESSE.

Avant de repartir, je veux les voir demain !

KLAREMBERG.

Moi de même...

ZIZIANOW.

J'aurai l'honneur de vous conduire !

LA PRINCESSE.

Ce serait abuser...

ZIZIANOW, à part.

Oui-dà !... cela veut dire
Qu'elle voudrait sans nous y descendre... non pas !

(Haut.)

C'est mon devoir d'accompagner vos pas !
J'irai !

LA PRINCESSE, à part.

Quel contre-temps !

(Haut et de l'air le plus aimable.)

Ah ! j'en serai ravie !

(Plusieurs valets portant des candélabres garnis de bougies, paraissent à la porte du fond à gauche, suivis de domestiques en livrée.)

LISANKA, annonçant.

La princesse est servie !

LA PRINCESSE.

Ah ! très-bien...

(A Zizianow.)

Colonel, donnez-moi votre bras.

LE CHOEUR.

Soirée enchanteresse, etc.

(Les officiers sont rangés à droite, les gens du château à gauche. La princesse, appuyée sur le bras de Zizianow, se dirige vers la salle à manger, tandis que la musique militaire fait entendre de brillantes fanfares.)

ACTE DEUXIÈME

Une galerie de la mine de sel gemme de Polotsk. Au milieu du théâtre, un vaste pilier dans lequel est taillé un escalier tournant qui descend dans les galeries inférieures et conduit aux galeries supérieures. Cet escalier est éclairé par des ouvertures ou fenêtres ogivales, laissant apercevoir les personnes qui montent ou descendent; à droite, à gauche et dans le fond, l'entrée de plusieurs autres galeries qui s'étendent au loin. Sur le premier plan à gauche, une table; sur le premier plan, à droite, des bancs, des chaises en bois. Le théâtre est éclairé par plusieurs lampes suspendues aux voûtes de la mine. Partout on aperçoit épars des pioches, des pelles, des paniers et autres instruments à l'usage des ouvriers mineurs.

SCÈNE PREMIÈRE.

CONSTANTIN, seul, assis sur le banc à droite.

Succombant sous le poids d'une haine cruelle,
Et maintenant captif dans ce triste séjour
Où jamais ne parvient la lumière du jour,
Le plus grand de mes maux est d'être éloigné d'elle!

ROMANCE.

Premier couplet.

Ma sentence est prononcée!...
Et l'approche du trépas,
Malgré moi, n'occupe, hélas!
Ni mon cœur, ni ma pensée!
(Regardant autour de lui.)
Voûtes sombres, murs épais,

Pour moi, pour mon honneur même,
Cachez bien tous mes secrets!
Ne dites pas que je l'aime...
　　Je l'aime!... je l'aime!...
Et comme on n'aima jamais!

Deuxième couplet.

Tout me dit : Quelle folie!...
Et pourtant je suis heureux
D'adresser mes derniers vœux
A ma noble et seule amie!

Voûtes sombres! murs épais, etc.

(On entend en dehors et dans les galeries inférieures les cris et le chant lointains des ouvriers.)

Hourra! hourra!...

　　　　LE CHOEUR, au dehors.

Faut que l'on s'égaie!
Faut se divertir!
C'est le jour de paie,
C'est jour de plaisir!

　　　　CONSTANTIN, écoutant.

Des chants de joie dans ces lieux!...

SCÈNE II.

CONSTANTIN, ROSKAW, entrant par l'escalier du milieu.

　　　　ROSKAW.

Voilà, sans contredit, le plus beau jour de la semaine... le jour de paie!

　　　　CONSTANTIN, souriant.

C'est donc cela!

　　　　ROSKAW.

Oui, mon officier... vingt-cinq copecks par jour... près de deux cents qui sont là, dans ma bourse! Les entendez-vous?

Comme ils sont heureux d'être ensemble, et pourtant, comme ils ont envie de sortir!... ce qui ne tardera pas, et bientôt vous ferez comme eux, je l'espère... car vous m'êtes recommandé par Lisanka, ma fiancée... la filleule de la princesse Polowska... (A demi-voix.) Toutes les deux vous portent intérêt... je vous le dis... Voilà pourquoi je vous en porte aussi... au lieu de vous enfermer dans le petit cachot qui vous était destiné, à côté des autres prisonniers d'État... je vous laisse en liberté dans cette galerie... qui est bien encore une prison!

CONSTANTIN.

N'importe!... je t'en remercie...

ROSKAW.

Par exemple... s'il nous arrivait quelque autorité, quelque officier supérieur, je serais obligé, pendant le temps de sa visite, de vous renfermer...

CONSTANTIN.

C'est trop juste!

ROSKAW.

Parce que, dans cette galerie... c'est moi qui réponds de tout... c'est moi qui ai toutes les clefs, c'est moi qui donne l'ordre et le signal pour remonter ou descendre... les deux grands paniers... les kibitkas en osier, les deux seules voitures par lesquelles on arrive chez nous!

CONSTANTIN.

Et aucun autre moyen de sortir d'ici?

ROSKAW.

Aucun! six cents pieds de terre... je veux dire de sel, sur la tête... (Prêtant l'oreille.) Écoutez!... écoutez!... ça ne nous empêche pas, nous autres... et même ceux qui sont plus bas... de chanter et de rire!... C'est Sowbakin, le second contre-maître... un envieux qui voudrait monter et avoir ma place... et puis les ouvriers sous mes ordres, qui viennent tous d'être payés... Il ne faut pas que leur présence vous gêne... restez, mon officier, restez !

CONSTANTIN.

Je te suis obligé... j'aime autant être seul et me promener dans les galeries voisines...

(Il sort par la galerie à droite.)

ROSKAW.

Comme vous voudrez ! c'est bien le moins qu'un prisonnier soit libre... (Se retournant et apercevant Sowbakin qui monte par l'escalier et ses camarades qui entrent par la gauche et par le fond.) Eh ! voilà les autres !...

SCÈNE III.

OUVRIERS MINEURS venant de la gauche et du fond. SOWBAKIN, sortant du pilier du milieu, ROSKAW.

LE CHOEUR.

Hourra ! hourra !
    Faut que l'on s'égaie !
    Faut se divertir !
    C'est le jour de paie,
    C'est jour de plaisir !

ROSKAW, tirant de sa poche une bourse de cuir.

Courte et bonne !... c'est mon principe !
Je veux m'acheter un hamac,
Du vin !... du genièvre, une pipe !
Un habit neuf et du tabac !...
Rien ne m'arrête et ne m'effraie,
Car je viens de toucher ma paie,
    J'ai touché ma paie !

LE CHOEUR.

Faut que l'on s'égaie ! etc.

SOWBAKIN, s'approchant de la table où Roskaw compte son argent, et le regardant avec envie.

Ah ! si j'avais le privilège

D'être aussi bien payé que toi,
Moi, j'achèterais pour Nadège
Un beau manteau que je lui doi!
(Regardant une poignée de copecks qu'il tient.)
Mais tout cela suffit à peine!

ROSKAW.

Veux-tu doubler tout ton avoir?
Jouons ta part contre la mienne!

SOWBAKIN.

C'est dit!

ROSKAW.

C'est dit!

SOWBAKIN et ROSKAW, à part, avec joie.

J'ai bon espoir!
Rien ne m'arrête et ne m'effraie,
Car je viens de toucher ma paie!
J'ai touché ma paie!

LE CHŒUR.

Faut que l'on s'égaie! etc.
(Pendant le chœur précédent, Roskaw et Sowbakin se sont assis devant la table à gauche. Les autres ouvriers font cercle autour d'eux.)

ROSKAW, jouant aux dés et commençant par gagner.

Je n'ai qu'un plaisir et qu'un vœu
Le jeu! le jeu!

TOUS.

Le jeu! le jeu!

ROSKAW.

Aux chagrins qui fait dire adieu?
Le jeu! le jeu!
Qui fait oublier un œil bleu?
Le jeu! le jeu!
(Poussant un cri de colère sur une partie qu'il vient de perdre.)
Ah! par Saint-Nicolas!

SOWBAKIN, avec joie et ramassant les copecks qui sont sur la table.

J'ai gagné!

ROSKAW.

Ma revanche!

SOWBAKIN.

Mais déjà ta paie est à moi!

ROSKAW.

Nous joûrons celle de dimanche!
Quitte ou double!...

SOWBAKIN, après avoir un instant hésité.

Eh bien... oui... ma foi!

(Reprenant le motif ci-dessus.)

Rien n'égale, j'en fais l'aveu,
Le jeu! le jeu!

ROSKAW, avec colère.

J'ai perdu!... maudit soit, morbleu!
Le jeu! le jeu!
Qui nous ferait renier Dieu?
Le jeu! le jeu!
Perdre toujours!...

(A Sowbakin.)

Allons... encor!... encor!

SOWBAKIN, se levant.

C'en est assez!... payons d'abord.

ROSKAW.

Jouons encor.

SOWBAKIN.

Payons d'abord!
Il me faut des écus!

ROSKAW.

Je les ai tous perdus!

SOWBAKIN.

Alors ne jouons plus!

ROSKAW.

Me refuser crédit!

SOWBAKIN.

C'est prudent, m'a-t-on dit!

ROSKAW, avec colère et levant le poing sur Sowbakin.

Souffrir de tels affronts!

SOWBAKIN, le menaçant à son tour.

Approche... et nous verrons!

ROSKAW.

Toi!

SOWBAKIN.

Moi!...

ROSKAW.

Toi!...

SOWBAKIN.

Moi!

ROSKAW, le menaçant.

Viens-y donc!

SOWBAKIN, de même.

Viens-y donc!

ROSKAW et SOWBAKIN.

Ah! cœur poltron
Et fanfaron,
Avance donc!
Avance donc!
Tu n'oserais!
Et tu craindrais
Le châtiment
Que, sur-le champ,
Tu recevrais
Si tu tombais,
Rien qu'une fois,
Sous mes cinq doigts!

(Aux ouvriers qui veulent les retenir.)

Laissez-moi tous!
Éloignez-vous!
Craignez les coups
De mon courroux!

PREMIERS OUVRIERS, du côté de Roskaw.
Oui, ne pas jouer davantage,
A notre chef c'est faire outrage!

D'AUTRES OUVRIERS, du côté de Sowbakin et le montrant.
Il a raison!

PREMIERS OUVRIERS.
Non! il a tort!

SECONDS OUVRIERS, s'adressant aux premiers.
Moi j'en ferais autant d'abord!

LES PREMIERS OUVRIERS, s'adressant chacun à un de leurs camarades.
Toi!

LES SECONDS OUVRIERS, de même.
Moi!

LES PREMIERS OUVRIERS.
Toi!

LES SECONDS OUVRIERS.
Moi!
Surtout si c'était avec toi!

ROSKAW, et LES PREMIERS OUVRIERS.
Nous punirons
De tels affronts!

SOWBAKIN, et LES SECONDS OUVRIERS.
Approchez donc et nous verrons!

TOUS, se menaçant mutuellement.
Ah! le poltron!
Le fanfaron! etc.

(Tous, courant chercher des pelles et des pioches et revenant.)

Qu'ils craignent tous
Notre courroux!
Oui, sous nos coups
Qu'ils tombent tous!

(Ils vont s'élancer les uns sur les autres, lorsqu'au fond du théâtre apparaissent Lisanka et les femmes d'ouvriers qui séparent leurs maris et les désarment.)

SCÈNE IV.

Les Ouvriers, les Femmes d'ouvriers, LISANKA, ROSKAW.

LISANKA, à Roskaw, qui baisse la tête.

Vous disputer ainsi... y pensez-vous ?

ROSKAW, à part.

Perdre toujours !... c'est trop fort ! il faut qu'il m'ait triché !... et jusqu'à ce que j'aie aussi un moyen pour gagner à coup sûr...

LISANKA, sévèrement.

Taisez-vous; car voici la princesse Polowska, ma marraine, qui descend pour visiter la mine.

ROSKAW, à part.

Ah ! par Saint-André, mon patron !... c'est celle-là qui, si elle le voulait... (Haut et vivement.) La princesse vient ici... toute seule ?...

LISANKA.

Eh non ! avec ce banquier allemand qui est curieux comme une femme et qui veut tout voir, et puis avec le colonel prince Zizianow qui a voulu absolument accompagner ma marraine, sous prétexte qu'il a lui-même des prisonniers... d'État à visiter...

ROSKAW, à Lisanka.

Des prisonniers... et le mien, qui, d'après votre recommandation, se promène en liberté... je vais le prier de rentrer dans sa cellule...

(Montrant la galerie à droite.)

LISANKA, vivement.

Qui est de ce côté?...

ROSKAW.

Au fond de cette galerie... la première cellule.

LISANKA, à part.

C'est bon à savoir...
(Roskaw disparait par la galerie à droite, et Lisanka fait quelques pas derrière lui en le suivant des yeux.)

SCÈNE V.

LES MÊMES ; LA PRINCESSE à qui ZIZIANOW donne la main, entrant par une des galeries du fond à droite.

LISANKA et LES FEMMES et FILLES des ouvriers, à demi-voix.
La voilà ! la voilà ! c'est elle,
Notre maîtresse aimable et belle !
(Aux ouvriers à demi-voix.)
Plus de débats, plus de courroux !
Pour l'accueillir unissons-nous !

LISANKA, à la tête des jeunes filles et s'adressant à la princesse.

COUPLETS.

Premier couplet.

Ces tristes retraites
N'offrent violettes
Ni bouquet vermeil !
Il y fait trop sombre !
Rien ne vient à l'ombre
Et loin du soleil !
Et votre aspect pourtant nous fait sentir
Que le bonheur parfois y peut venir !

TOUTES.
Oui, le bonheur par vous y peut venir !

LA PRINCESSE.

Deuxième couplet.

Rien ne vient à l'ombre !
Pourtant ce lieu sombre,
Aspect sans pareil,
(Regardant les jeunes filles.)

M'offre fleur jolie,
Fraîcheur qu'on envie,
Rose au teint vermeil.
Et si la rose y vient... pour la cueillir,
L'amour, je pense, y doit aussi venir,
Oui, les maris y vont bientôt venir!

(Elle donne à Lisanka de l'or que celle-ci distribue aux jeunes filles.)

LES JEUNES FILLES, montrant les jeunes gens qui s'approchent d'elles et faisant la révérence à la princesse.

Oui, grâce à vous les maris vont venir!

LISANKA, s'approchant de la princesse, lui dit à voix basse en lui faisant la révérence.

Le prisonnier est là!...

(Montrant la droite.)
Dans cette galerie!
La première cellule!

LA PRINCESSE, vivement et à voix basse.

Ah! je te remercie!
Dès que je serai seule, envoie ici Roskaw.

LISANKA, de même.

Oui, marraine, aussitôt!

(Zizianow, qui avait remonté le théâtre pour donner des ordres aux mineurs, se trouve en redescendant derrière la princesse et Lisanka, et entend leurs derniers mots.)

ZIZIANOW, à part.

« Dès que je serai seule... envoie ici Roskaw... »
Pourquoi?... je le saurai!

LE CHOEUR.

La voilà! la voilà! c'est elle
Qui, généreuse autant que belle,
Daigne descendre parmi nous
Afin de nous marier tous!

(Lisanka, les jeunes filles et les ouvriers sortent par les galeries de gauche ou du fond.)

SCÈNE VI.

ZIZIANOW, LA PRINCESSE.

ZIZIANOW.

Je vous fais compliment, princesse, vous avez été brave ! plus brave que nous. D'abord, le pauvre banquier, ainsi que son domestique allemand, quand il s'est vu suspendu au-dessus de l'abîme, tremblait de tous ses membres... (Riant.) dans l'esquif qui portait Crésus et sa fortune ! Moi-même... je trouvais le temps de la descente un peu long... et vous, calme et tranquille...

LA PRINCESSE.

Je regardais ! C'est très-curieux !

ZIZIANOW.

De nouvelles merveilles vous attendent... nous allons vous montrer des rues, une église, des habitations, taillées dans la mine... et tout cela, à la lueur des torches, semble autant de murailles de diamants... Venez !... je suis à vos ordres...

LA PRINCESSE.

Permettez ! Je vous ai entendu dire que vous deviez faire l'inspection des prisonniers d'État renfermés dans ces mines... et le devoir avant tout...

ZIZIANOW.

Quand deux heures sonneront à l'horloge de la mine ! Nous pouvons donc en attendant commencer cette excursion... où, dans son impatience du retour, Klaremberg nous a déjà devancés.

LA PRINCESSE.

Un instant ! Avant d'entreprendre un voyage aussi long, j'ai besoin de reprendre haleine... je ne marche pas avec la même facilité que vous... et je vous demanderai la permission de nous reposer un peu...

(Zizianow s'empresse de lui approcher un fauteuil en bois.)

LA PRINCESSE, après s'être assise.

Q'est-ce que j'ai donc appris sur notre jeune sergent... Constantin Nélidoff?... on m'a parlé de dispute, de vivacités de jeune homme... d'épée tirée...

ZIZIANOW.

Contre moi... rien que cela!

LA PRINCESSE, regardant Zizianow avec compassion.

Pauvre colonel!

ZIZIANOW.

Il y va tout simplement pour lui de la peine de mort ou de la Sibérie!

LA PRINCESSE, riant.

Allons donc!

ZIZIANOW.

L'empereur lui-même prononcera d'après le rapport que je dois lui adresser...

LA PRINCESSE.

Rapport que vous n'enverrez pas...

ZIZIANOW.

Moi!...

LA PRINCESSE.

J'en suis persuadée!

ZIZIANOW.

Et pourquoi, s'il vous plaît?

LA PRINCESSE.

Parce que vous êtes un homme d'honneur, d'esprit et de savoir-vivre... (Vivement.) vous ne pouvez pas nier cela!... Or, comme vous êtes juge et partie en cette affaire, votre honneur vous ordonne de vous abstenir! Votre esprit vous dira que c'est le beau rôle... et votre savoir-vivre vous fera comprendre qu'on ne refuse jamais à une femme... surtout quand elle parle de pardon et de clémence!

ZIZIANOW.

Mais vous, madame, vous qui parlez de clémence... vous devriez d'abord prêcher d'exemple... et alors... on s'efforcerait d'imiter un si beau modèle !

LA PRINCESSE.

Et quelles sont, s'il vous plaît, les offenses que je n'ai pas pardonnées ?

ZIZIANOW.

Mais... les miennes...

LA PRINCESSE.

Les vôtres, colonel ?

ZIZIANOW.

Oui, dans une injuste prévention, dans un fatal aveuglement, je vous ai méconnue... outragée.

LA PRINCESSE, gaiement.

Non pas ! Vous m'avez refusée, voilà tout !

ZIZIANOW.

Je ne vous connaissais pas alors, je ne vous avais pas vue... j'ignorais cette grâce, ce charme qui attire et subjugue... je ne m'en cache pas, moi, j'avoue mes torts, et vous, loin de les oublier, vous vous montrez pour moi sans indulgence et sans pitié !...

LA PRINCESSE.

Vous vous trompez !... on m'avait dit de vous un mal énorme !

ZIZIANOW, avec colère.

Est-il possible ?

LA PRINCESSE.

Rassurez-vous !... (Gaiement.) Je ne crois jamais que la moitié de ce qu'on me dit... et même, en ce moment, je me sens disposée... à vous faire bon marché de l'autre moitié.

ZIZIANOW.

Prouvez-le-moi donc, en me permettant de faire valoir

et revivre les droits que le Czar notre maître m'avait donnés sur vous!...

LA PRINCESSE.

J'ai juré de ne jamais me marier... et j'ai l'habitude de tenir mes serments!

ZIZIANOW.

Mais si vous y manquiez?

LA PRINCESSE.

Si je faisais une pareille folie... il n'y a pas de doute, colonel, que vous n'eussiez des chances! (D'un air gracieux.) Les intentions de l'empereur... et plus encore votre mérite personnel... votre générosité... (Avec un sourire.) Revenons à Constantin Nélidoff... Vous n'enverrez pas le rapport?

ZIZIANOW.

Il est déjà écrit!

LA PRINCESSE.

Tant mieux! vous aurez le mérite de le déchirer!... et pour faire taire tous les bruits qui pourraient s'élever à ce sujet, vous demanderez pour lui de l'avancement.

ZIZIANOW, riant.

Je vous admire, princesse, vous avez toujours en réserve des moyens...

LA PRINCESSE, de même.

Victorieux.

ZIZIANOW.

Par malheur... celui-ci ne saurait l'être! Nélidoff ne peut obtenir aucun avancement dans l'armée, ni s'élever jamais au-dessus du grade inférieur qu'il occupe.

LA PRINCESSE.

Et pourquoi?

ZIZIANOW.

Le comte Nélidoff, son père, ministre sous le dernier règne, a été privé de la noblesse dans sa personne et dans celle de ses descendants... pour crime de malversations dans les deniers de l'État...

LA PRINCESSE, vivement.

Eh oui vraiment! trois millions de roubles qu'il avait payés et dont il n'a pu produire le reçu... A telles enseignes qu'à cette époque tout le monde plaignait le pauvre comte, disant qu'une main ennemie avait soustrait cette pièce qui seule pouvait rendre l'honneur à lui et à ses enfants... On accusait même de cet acte de vengeance ou de jalousie le premier ministre comte de Biren, votre oncle...

ZIZIANOW.

Je le sais.

LA PRINCESSE.

Et dans les papiers de cet oncle dont vous étiez héritier, vous n'avez rien trouvé qui pût justifier le pauvre Nélidoff?

ZIZIANOW.

Il aurait fallu pour cela se livrer à des recherches auxquelles je n'ai pas même songé... mais dont on pourrait, si vous y tenez beaucoup, s'occuper encore.

LA PRINCESSE.

En vérité!

ZIZIANOW, souriant.

A une condition cependant... qui dépendrait de vous...

LA PRINCESSE, vivement.

Ah! ce mot seul me prouve que vous avez déjà fait ces recherches...

ZIZIANOW, riant.

Moi!

LA PRINCESSE.

Que vous avez trouvé ce papier!

ZIZIANOW, riant.

Allons donc!...

LA PRINCESSE.

Et qu'il est en vos mains!

ZIZIANOW, lentement et la regardant d'un air moqueur.

Eh bien! princesse, supposons... (Vivement.) ce qui n'est pas... qu'un hasard m'ait livré une pièce de cette importance : trouveriez-vous, je m'en rapporte à votre adresse et à votre esprit, à vous qui en avez plus que personne au monde, trouveriez-vous qu'il fût d'une bonne et sage politique de se dessaisir d'un titre qui doit réhabiliter, enrichir et rendre à jamais heureux... un rival ?

LA PRINCESSE.

Un rival... lui ! Constantin !

ZIZIANOW.

Tenez, princesse, comme nous le disons quelquefois nous autres joueurs, jouons cartes sur table. Ce jeune homme-là vous aime, vous adore... à en perdre la raison.

LA PRINCESSE, avec émotion.

Allons donc !

ZIZIANOW.

J'ai peut-être tort de vous le dire ! mais il me l'a avoué, à moi, et devant tous mes amis, avec une chaleur, un emportement... et je dirai même d'une manière si inconvenante, que j'ai dû lui en demander raison... c'est pour cela que nous avons failli nous battre... parce que moi, madame, moi qui vous aime et vous aimerai toujours...

LA PRINCESSE, le regardant d'un air railleur.

Tenez, colonel, comme vous le disiez très-bien tout à l'heure, jouons cartes sur table... Vous ne vous inquiétez de moi, nullement; de mon immense fortune, un peu; mais beaucoup d'un grand et important secret dont vous me croyez maîtresse, et qui vous donnerait les moyens d'être toujours riche !

ZIZIANOW.

Ah! c'est Klaremberg qui m'a trahi et vous a raconté notre conversation d'hier !

LA PRINCESSE.

Eh bien! comme vous le disiez vous-même, supposons... (Vivement.) ce qui n'est pas... que, dernière héritière des Polowski... j'aie reçu de ma mère la confidence d'un tel secret, trouveriez-vous, je m'en rapporte à votre sagacité, à vous qui en avez autant que personne au monde, trouveriez-vous qu'il fût d'une bonne et sage politique de livrer un trésor si précieux à une amitié trop récente pour ne pas inspirer des doutes, à un amour trop prompt pour ne pas être suspect, et qui, du reste, n'offre aucune garantie?...

ZIZIANOW.

Lesquelles vous faut-il donc?

LA PRINCESSE.

Le redire serait faire injure à votre intelligence.

ZIZIANOW.

N'importe! parlez, de grâce!

LA PRINCESSE.

Eh bien! colonel, si j'étais vous... je déchirerais d'abord ce rapport à l'empereur, je rendrais sur-le-champ Constantin Nélidoff à la liberté...

ZIZIANOW, à part.

O ciel!

LA PRINCESSE.

Je lui remettrais surtout ce titre, cette pièce justificative qui rend l'honneur à son père et à lui...

ZIZIANOW.

Vous oubliez que ce titre... je ne l'ai pas!

LA PRINCESSE.

Vous oubliez que, tout à l'heure, vous êtes convenu du contraire; et, du reste, si vous ne l'avez pas, c'est à vous de vous le procurer, cela ne me regarde pas, c'est votre affaire...

6.

ZIZIANOW, avec émotion.

Et alors ?...

LA PRINCESSE, avec coquetterie.

Alors, colonel, nous verrons!

ZIZIANOW, la regardant attentivement et avec défiance.

Princesse!... vous voulez me tromper!

LA PRINCESSE, riant.

La supposition est gracieuse... Et pourquoi, s'il vous plaît, n'aurais-je pas de vous la même pensée?...

ZIZIANOW.

Moi!... votre ami!...

LA PRINCESSE.

J'ai entendu dire qu'il n'y avait pas d'amis au jeu, et comme nous jouons là une partie très-importante, très-difficile, très-serrée... (On entend sonner deux heures.) que nous n'aurons pas le temps d'achever, car l'horloge vous avertit que voici l'heure de la visite des prisonniers...

ZIZIANOW, avec impatience.

Au diable les affaires d'État!

LA PRINCESSE.

Non pas! les affaires d'abord, les plaisirs après! nous reprendrons plus tard notre conversation... Que je ne vous retienne pas, de grâce!

ZIZIANOW, à part.

C'est juste!... j'oubliais Roskaw, qu'elle attend. (Haut.) Je vous laisse, madame, je vous laisse...

(Il sort par l'escalier taillé dans le pilier du milieu.)

SCÈNE VII.

LA PRINCESSE, seule.

Constantin, je l'ai dit, sortira de ces lieux!
Ce qu'une femme veut, Dieu le veut!...

(Se levant.)

Et je veux !...
(Regardant vers la droite.)
Et puissent les échos de la voûte sonore
Porter dans le cachot, qui le retient encore,
Mes chants consolateurs, mon espoir et mes vœux !

ROMANCE.

Premier couplet.

Dans ces demeures souterraines,
　　Sombre prison,
Vous qui gémissez dans les chaînes
　　Et l'abandon,
Qu'en votre cœur ma voix éveille
　　Rêves plus doux !
Sur vous encor l'amitié veille...
　　M'entendez-vous ?

Deuxième couplet.

Ici-bas, chacun vous délaisse,
　　Et moi, j'accours !
Oui, pour rendre à votre jeunesse
　　Tous ses beaux jours,
Je veux briser votre esclavage
　　Et vos verrous !
L'amitié double le courage...
　　M'entendez-vous ?

(Ce dernier vers est répété plusieurs fois en sons prolongés par les différents échos de la galerie.)

CONSTANTIN, en dehors, répétant le motif de sa romance de la première scène du deuxième acte.

Cachez bien tous mes secrets,
Ne dites pas que je l'aime ;
　Oui, je l'aime ! je l'aime !
Et comme on n'aima jamais !

LA PRINCESSE, reconnaissant la voix de Constantin.

C'est lui ! c'est lui ! sa voix touchante
Jusqu'à mon cœur a retenti ;
Il sait que dans ces lieux je suis présente,
Qu'ici je veille auprès de lui !

Ensemble.

LA PRINCESSE.

Dans ces demeures souterraines, etc.

CONSTANTIN, en dehors.

Cachez bien tous mes secrets, etc.

SCÈNE VIII.

LA PRINCESSE, KLAREMBERG amené par **LISANKA** et suivi de **ROSKAW.**

LISANKA, à Klaremberg, montrant la princesse.

Tenez, monsieur, la voici!

LA PRINCESSE, allant à lui.

Monsieur Klaremberg!... comme vous êtes pâle!

KLAREMBERG.

La course... l'émotion... C'est fort joli!... Ces murailles de sel... ont d'abord un air de diamants... un faux air... qui m'a séduit. J'ai voulu voir, j'ai vu!... je m'en vas!

LA PRINCESSE.

Sans moi?...

KLAREMBERG.

J'étouffe ici, dans ces galeries! vu surtout les courants d'air...

LA PRINCESSE, riant.

Allons donc!

KLAREMBERG.

Qui tout à l'heure... par les effets du gaz... qui s'enflamme... je ne vous dirai pas au juste... ont occasionné une explosion!... Un pauvre ouvrier qui, devant moi, est tombé sans connaissance.

LISANKA, naïvement.

Cela arrive souvent! très-souvent!

KLAREMBERG, vivement.

Je suis très-pressé de continuer mon voyage! les affaires de banque ne souffrent pas de retard... J'ai réclamé pour mon domestique Péters et pour moi le droit de remonter là-haut, immédiatement; car, notez bien que pour respirer il faut un permis, un laissez-passer... que le prince m'a accordé, en riant comme un fou!

LA PRINCESSE.

Et en renouvelant ses plaisanteries...

KLAREMBERG.

Sur la poltronnerie des écus! on devrait dire : leur courage... Car enfin, je vous demande un peu si quelqu'un qui a trois ou quatre millions ne risque pas plus que celui qui n'a rien? C'est absurde. Aussi je pars... Mais j'ai voulu vous prévenir, qu'avant de descendre dans ces souterrains, le prince avait expédié, devant moi, son rapport à l'empereur, sur l'affaire de Constantin Nélidoff...

LA PRINCESSE, à part.

Ah! le traître!

LISANKA.

Alors ce pauvre jeune homme est perdu!

ROSKAW.

Fusillé!

LISANKA et KLAREMBERG, avec effroi.

Fusillé!...

LA PRINCESSE.

Pas encore!... (A Klaremberg.) si vous me venez en aide.

KLAREMBERG.

Moi!... et comment?

LA PRINCESSE.

Lisanka me racontait hier que vous n'aviez pas perdu le souvenir d'une aventure qui vous était arrivée... un soir... à la cour d'Élisabeth...

ROSKAW, vivement, à Klaremberg.

Oui... oui... quand la princesse Polowska vous donna trois cartes gagnantes...

LISANKA, de même.

Qui empêchèrent votre ruine!

KLAREMBERG, à la princesse.

Je sais ce que je dois à la princesse votre mère, et quoique tous les jours on calomnie les écus, il y en a, croyez-moi, qui ne sont pas ingrats... et les miens sont à votre service! disposez de mes capitaux!

LA PRINCESSE.

Je vous remercie!

KLAREMBERG, avec chaleur.

Sans intérêts, bien entendu! sans intérêts! de l'or, des traites, des lettres de change sur Vienne, sur Londres, sur Amsterdam... le meilleur papier!

LA PRINCESSE.

Je n'en veux qu'un! le laissez-passer que le prince Zizianow vient de signer pour vous et pour votre domestique Péters...

KLAREMBERG.

Que voulez-vous dire?

LA PRINCESSE.

Que celui-ci nous restera quelques heures encore, je me charge de lui, et vous emmènerez à sa place, couvert du chapeau et du manteau à votre livrée, Constantin Nélidoff...

KLAREMBERG.

Impossible! il est, dit-on, renfermé ici dans un cachot...

LA PRINCESSE, vivement.

Dont Roskaw a la clef!

LISANKA.

Et je suis sûre de Roskaw...

LA PRINCESSE, gaiement.

Ma filleule en répond!

ROSKAW.

Un instant!...

LA PRINCESSE.

Il est à nous!

ROSKAW.

A une condition...

LA PRINCESSE, regardant Lisanka.

Que je devine!

ROSKAW, avec embarras.

Peut-être!

LA PRINCESSE, vivement à Roskaw.

N'importe, j'y consens d'avance! la clef?...

ROSKAW, la lui donnant.

La voici!

LA PRINCESSE, à Roskaw.

Combien faut-il de temps pour remonter?

ROSKAW.

Plus de vingt minutes... et tant qu'on n'est pas arrivé à la sortie extérieure, on peut toujours donner le signal pour faire redescendre...

LA PRINCESSE, à Lisanka.

Tiens, Lisanka, délivre Constantin... et vous, Klaremberg, veillez sur lui... Que par vos soins il sorte de la Russie... ne le quittez pas avant qu'il ait franchi la frontière... et si vous le pouvez, trouvez-vous dans dix jours aux eaux de Carlsbad... je m'y rendrai de mon côté...

KLAREMBERG.

Pourquoi?

LA PRINCESSE.

Je vous le dirai... mais partez au plus vite... (Tendant la main à Klaremberg.) Merci, Klaremberg!

KLAREMBERG.

Je vous devais tant, à vous ou aux vôtres qui ont protégé en moi un malheureux...

LA PRINCESSE.

Vous venez d'en sauver un autre... nous sommes quittes à présent!

(Klaremberg et Lisanka sortent par la droite.)

SCÈNE IX.

ROSKAW, LA PRINCESSE; puis ZIZIANOW, paraissant à une fenêtre de l'escalier qui est au milieu du théâtre.

ROSKAW, à part.

A nous deux maintenant!

DUO.

ROSKAW, à part, et pendant que la princesse regarde à droite Klaremberg et Lisanka qui s'éloignent, avalant quelques gorgées d'une gourde d'eau-de-vie.

Allons donc, lâche, et que cette liqueur,
Pour un instant, te donne au moins du cœur!

(S'approchant de la princesse et s'animant peu à peu.)

Je veux vous dire et vous apprendre...
Que ces lieux sont muets et sourds!

La princesse, sans faire attention à ce qu'il dit, regarde toujours avec inquiétude du côté du cachot de Constantin.)

(Avec égarement.)

Que le prisonnier part et ne peut vous entendre,
Ni venir à votre secours!

LA PRINCESSE, à part, avec étonnement.

Que dit-il là?

ROSKAW, buvant encore une gorgée d'eau-de-vie et avec plus d'emportement.

Je dis qu'en d'autres galeries
Ils sont tous éloignés... et nous sommes tous deux
Seuls... tout à fait seuls... en ces lieux...

(Avec explosion.)

Et dussé-je, après tout, me damner...

LA PRINCESSE, se retournant avec dignité.

Tu t'oublies !

ROSKAW, vivement, à demi-voix et avec emportement.

Vous avez des secrets... qu'on vous a confiés...
Trois cartes... un anneau ! je sais tout !... vous voyez !
Il me faut cet anneau, ces trois cartes gagnantes...
Je les veux à tout prix, sinon...

LA PRINCESSE, effrayée.

Tu m'épouvantes !
Et tu n'es pas, Roskaw, dans ton bon sens !

ROSKAW, portant la main à son cœur et à son front.

C'est vrai ! partout la flamme et des brasiers ardents !

Ensemble.

ROSKAW, avec emportement.

Dans la fureur qui me possède,
A l'enfer même j'ai recours !
Que Belzébuth me vienne en aide !
Cédez !... ou tremblez pour vos jours !

(Avec prière.)

Pour vous-même je vous supplie,
Craignez son pouvoir infernal !
Pour vous soustraire à ma furie
Livrez-moi ce secret fatal !

LA PRINCESSE, regardant avec frayeur autour d'elle.

A l'horreur... à l'effroi je cède ;
Seule... en ces lieux... et sans secours !
Qui pourrait me venir en aide ?
A quels moyens avoir recours ?

(S'adressant à Roskaw d'un air suppliant.)

Insensé ! quelle frénésie
Te pousse à ce dessein fatal ?
Reviens à toi, je t'en supplie,
Abjure un délire infernal !

(Avec frayeur et cherchant à l'apaiser.)

Écoute-moi... Crois-moi, ce secret, sur mon âme,
N'existe pas!

ROSKAW, avec colère.

Vous voulez me tromper?

LA PRINCESSE.

Moi!

ROSKAW.

Mais le prisonnier, songez-y bien, madame,
N'a pas encor pu s'échapper!

LA PRINCESSE.

O ciel!

ROSKAW.

Rien qu'un seul cri peut le rendre au supplice!

LA PRINCESSE.

Tais-toi! j'oublirai tout!

ROSKAW.

Non! vous n'oublirez rien!
Et d'avance, je sais quel sort sera le mien!
Le knout jusqu'à la mort!... et ce sera justice!
Mais puisque de mes jours j'ai fait le sacrifice,
Je ne risque plus rien.

(Avec fureur.)

Ce secret!... ce secret...
Je le veux... ou de vous... et de lui c'en est fait!

Ensemble.

ROSKAW, hors de lui.

Dans la fureur qui me possède, etc.

LA PRINCESSE, à part, avec terreur.

A l'horreur, à l'effroi, je cède... etc.

(A la fin de cet ensemble, Zizianow paraît à l'une des fenêtres ogives du pilier qui est au milieu du théâtre. Il aperçoit la princesse et Roskaw, avance la tête et écoute.)

LA PRINCESSE, avec émotion.

Tu le veux!... ce secret qu'ici... tu me demandes....

ROSKAW, vivement.

Vous en convenez donc, existe!...

LA PRINCESSE.

Oui! mais je crois
Qu'il doit peu te servir!

ROSKAW.

Je connais nos légendes!
En sa vie on ne peut s'en servir qu'une fois!
Je la choisirai bonne, alors, et peu m'importe...

LA PRINCESSE, montrant la bague qu'elle a au doigt.

Et quant à cet anneau... l'imprudent qui le porte,
Songes-y bien, est maudit!

ROSKAW.

Peu m'importe!

LA PRINCESSE, regardant toujours du côté à droite.

Écoute donc!
(Roskaw s'approche d'elle, Zizianow avance la tête et redouble d'attention.)
Celui qui porte ce rubis
Est sûr, en retournant son chaton magnétique,
De gagner, s'il choisit les cartes que je dis :
Le *trois*, le *dix* et la *dame de pique!*

ROSKAW, répétant.

Le *trois*, le *dix* et la *dame de pique!*
Je ne l'oublirai pas!

(A la princesse.)

Par ces trois cartes-là,
Trois fois, quelle que soit la somme, on gagnera!

LA PRINCESSE.

Oui!

ROSKAW.

Bien! Le trois...

ZIZIANOW, caché, à part, répétant.

Le trois!

ROSKAW, de même, répétant.

Le dix...

ZIZIANOW, de même.

Le dix !

ROSKAW.

Et la dame de pique !
(Se retournant vers la princesse.)
Et l'anneau maintenant ?

LA PRINCESSE, tirant une bague de son doigt.

Le voilà !

ROSKAW, avec transport, le prenant.

Le voilà !

Ensemble.

ROSKAW.

Bonheur auquel j'aspire,
Objet de mon délire,
Fût-ce au prix du martyre,
Je vais te posséder !
Et, bravant l'anathème,
Du sort maître suprême,
A la fortune même
Je pourrai commander !

LA PRINCESSE, à part et gaiement.

Étrange et vain délire !
Il a fallu lui dire
Le secret qu'il désire
Et qu'il veut posséder !
(Regardant Roskaw.)
Oui, bravant l'anathème,
Du sort maître suprême,
A la fortune même
Il pourra commander !

SCÈNE X.

FINALE.

Les mêmes ; ZIZIANOW paraissant, SOWBAKIN ; puis les Ouvriers, les Femmes et Enfants des mineurs sortant des différentes galeries et portant des flambeaux, et LISANKA.

ROSKAW, apercevant Zizianow et s'éloignant de la princesse.
C'est monseigneur !...

ZIZIANOW, à part et s'avançant au bord du théâtre en regardant la princesse.
      Ah ! malgré vous, traîtresse,
Sans qu'il m'en coûte rien, j'ai donc votre secret...
(Regardant Roskaw.)
Ou je l'aurai bientôt tout entier !

(Haut et s'adressant à la princesse.)
      Tout est prêt !
Et pour notre voyage on nous attend, princesse !

LE CHOEUR, qui est entré pendant ces derniers vers, et qui porte des flambeaux.
  Que la nuit éternelle,
  Qui règne en ce séjour,
  Un moment étincelle
  De tout l'éclat du jour !
  Flambeaux, chassez les ombres !
  Et que vos feux brillants
  Sur nos murailles sombres
  Sèment les diamants !

ROSKAW, à part, au coin du théâtre à gauche et regardant son anneau.
  Cette fois donc enfin,
Fortune !... je te tiens enchaînée en ma main !

ZIZIANOW, qui pendant ce temps a parlé bas à Sowbakin en lui montrant Roskaw.
Tu m'as compris ?...

SOWBAKIN, de même.
Pas trop! n'importe, point de grâce!
Car je le hais!

ZIZIANOW, de même.
Pourquoi?

SOWBAKIN, de même.
N'a-t-il pas une place
Au-dessus de la mienne?

ZIZIANOW, de même.
Eh bien! elle est à toi!

SOWBAKIN, avec joie.
Sa place!

ZIZIANOW.
Eh oui!...

SOWBAKIN.
C'est juste! alors comptez sur moi!...
(On entend dans le lointain un son de cor.)

ZIZIANOW, en souriant à la princesse.
Entendez-vous?... enfin notre banquier respire!

LA PRINCESSE, à part.
Moi de même!

ZIZIANOW, de même.
Il a vu le jour!

LISANKA, entrant et se glissant près de la princesse.
Plus de frayeur!
Il est sauvé!... sauvé!...

LA PRINCESSE.
Quel bonheur!

LISANKA.
Quel bonheur!

ZIZIANOW, regardant la princesse d'un air de raillerie.
Quel bonheur!

ROSKAW, regardant sa bague.
Quel bonheur!

SOWBAKIN, regardant Roskaw.
Quel bonheur!

Ensemble.

ROSKAW.

Trésor auquel j'aspire!
Objet de mon délire,
Secret que je désire,
Je vais vous posséder!
Et, bravant l'anathème,
Du sort maître suprême,
A la fortune même
Je pourrai commander!

LA PRINCESSE.

Étrange et vain délire
Que je n'ose maudire!
Au but auquel j'aspire
Vous m'avez su guider!
(Regardant Roskaw.)
Oui, bravant l'anathème,
Du sort maître suprême,
A la fortune même
Il pourra commander!

ZIZIANOW.

Trésor auquel j'aspire!
Objet de mon délire,
Secret que je désire,
Je vais vous posséder!
Et, dans le jeu que j'aime,
Du sort maître suprême,
A la fortune même
Je pourrai commander!

LISANKA, regardant la princesse.

Au malheur qui soupire
Sa bonté vient sourire!

Et son pouvoir n'aspire
Qu'aux moyens de l'aider!
O marraine que j'aime,
Qu'un jour l'amour lui-même
Vers le bonheur suprême
Puisse aussi la guider!

SOWBAKIN, regardant Roskaw.

Bonheur que je désire,
Objet de mon délire,
Cette place où j'aspire,
Je vais la posséder!
Ah! quelle joie extrême!
A mon tour, ici même,
Comme un maître suprême
Je pourrai commander!

LE CHOEUR.

Que la nuit éternelle
Qui règne en ce séjour,
Un moment étincelle
De tout l'éclat du jour!
Flambeaux, chassez les ombres!
Et que vos feux brillants
Sur nos murailles sombres
Sèment les diamants!

(Toutes les galeries sont illuminées. Zizianow, qui a offert sa main à la princesse, s'avance vers la galerie du fond. Roskaw, sur le devant du théâtre et plongé dans ses rêveries, a l'air de s'éveiller au moment où Lisanka, étonnée, lui frappe sur l'épaule, tandis que Sowbakin, à droite du théâtre, regarde Roskaw d'un air menaçant et semble méditer contre lui quelque projet.)

ACTE TROISIÈME

Les eaux de Carlsbad. Un pavillon au milieu du jardin des bains. Au fond, la fontaine d'où s'échappe la source.

SCÈNE PREMIÈRE.

KLAREMBERG, seul, assis près d'une table à gauche et parcourant le livre des voyageurs.

Quelle affluence aux eaux de Carlsbad!... ce sont des eaux si salutaires pour ceux qui se portent bien!... et quand je parcours le livre des voyageurs... (Lisant.) Le marquis, le comte... l'archiduc vice-roi de Bohême... Je le savais... car j'ai de lui aujourd'hui une audience, toujours pour mon emprunt... (Continuant.) Des grandes dames, des grands seigneurs... des petits princes allemands venant ici incognito, et bien plus inconnus encore s'ils voyageaient sous leur véritable nom... ah! ah! le colonel prince Zizianow... notre ami arrivé depuis hier, et pourquoi?... parbleu! Carlsbad est le salon de jeu de toute l'Europe... et les monceaux d'or entassés sur son tapis vert doivent tenter un joueur tel que lui... Mais, parmi tous ces noms, je ne vois pas celui de la princesse Polowska... Elle m'a pourtant prié de l'attendre ici aujourd'hui!

SCÈNE II.

KLAREMBERG, LISANKA, entrant par le fond, suivie de **DEUX DOMESTIQUES** portant des paquets.

LISANKA, leur désignant la gauche.

Là, dans le petit pavillon !

(Les deux domestiques sortent.)

KLAREMBERG, apercevant Lisanka.

Lisanka !

LISANKA.

Monsieur de Klaremberg !

KLAREMBERG.

Ta maîtresse est ici ?

LISANKA.

Pas encore, monsieur... je l'ai laissée hier à Pilsen, où elle s'est arrêtée pour une importante affaire que je ne connais pas... m'ordonnant de partir, avec sa voiture et ses gens, pour faire préparer son logement à Carlsbad, où elle doit arriver ce matin... attendu qu'elle y a donné rendez-vous à quelqu'un !

KLAREMBERG.

A moi, ma chère enfant !

LISANKA.

Oui, monsieur... (A part.) et à une autre personne encore !

KLAREMBERG.

Une femme exacte, une femme rare... fidèle à sa parole... et je ne peux rien faire de mieux que de déjeuner en l'attendant... (A Lisanka.) Lisanka, si ta maîtresse arrive, dis-lui que je suis à ses ordres !

(Il sort par le premier plan à droite.)

SCÈNE III.

LISANKA, ROSKAW, entrant par le fond.

ROSKAW, apercevant Lisanka et courant après elle.

Lisanka !

LISANKA.

Roskaw !

ROSKAW.

Oui, moi !

LISANKA.

Toi, aux eaux de Carlsbad ! toi que je croyais perdu à jamais ! Pourquoi disparaître du château et des mines de Polotsk... pourquoi nous quitter ?

ROSKAW.

Bien malgré moi... Ah ! la princesse avait raison en disant que son secret et son anneau portaient malheur à qui les possédait !

LISANKA, haussant les épaules.

Qu'est-ce que tout cela signifie ?

ROSKAW.

Que pendant un instant, j'ai eu dans ma main tous les trésors du monde... ces trois cartes gagnantes et cette bague dont il suffit de retourner le chaton...

LISANKA.

Tu as perdu la tête !

ROSKAW.

Maintenant, oui ! mais alors, j'avais toute ma raison, j'en suis sûr ! Le soir était venu, je sortais de la mine, me demandant en moi-même combien je mettrais d'argent sur chaque carte... ce que je ferais des richesses que j'allais gagner... et surtout où je les cacherais... lorsqu'en traversant le bois de sapins, on s'élance sur moi, et avant que j'aie pu me défendre, on m'avait renversé à terre, un bâillon dans la bouche, un bandeau sur les yeux.

LISANKA.

Pauvre Roskaw !

ROSKAW.

Ça n'est rien.

LISANKA.

Maltraité... blessé peut-être !

ROSKAW.

Ça ne serait rien... Ils m'avaient pris mon anneau.

LISANKA, avec chagrin.

Notre anneau de fiançailles...

ROSKAW, avec impatience.

Ce ne serait...

LISANKA, vivement et avec reproche.

Comment, monsieur ?

ROSKAW.

Ce ne serait rien... pour eux... ils avaient d'autres idées... Ils m'ont arraché... ma bague... mon talisman... sans lequel les trois cartes gagnantes deviennent inutiles... puis me roulant dans une kibitka jusqu'au delà de la frontière... on m'a dit à l'oreille : « Marche devant toi... marche !... car si jamais tu remets les pieds en Russie, tu es mort !... »

LISANKA.

Ah ! mon Dieu ! et quels étaient ces gens-là ?

ROSKAW.

Est-ce que je sais ?

LISANKA.

Des voleurs..

ROSKAW.

Non... car ils m'ont glissé dans la poche une bourse de six cents roubles...

LISANKA.

Que tu as encore?...

ROSKAW.

Que j'avais... que je n'ai plus...

LISANKA.

On te l'a reprise?

ROSKAW.

Oui... d'autres...

LISANKA.

D'autres voleurs?...

ROSKAW.

C'est possible... Ici, à Carlsbad, là-bas, un grand tapis vert... vois-tu, Lisanka, chacun met la somme qu'il veut, sur trois cartes de son choix, étalées sur la table... puis le banquier prend un autre jeu à lui!... il tire en disant : Telle carte gagne! telle carte perd... et le trois... le dix... et la dame de pique... n'oublie pas ces trois cartes-là... le trois... le dix... et la dame de pique... avec elles on doit toujours gagner...

LISANKA.

Tu as donc gagné?

ROSKAW, avec impatience.

J'ai tout perdu! Cela devait être... ne t'ai-je pas déjà dit que je n'avais plus la bague qu'il suffit de retourner pour rendre ces trois cartes toutes-puissantes?... Alors, ne pouvant m'enrichir ici, comme joueur... j'ai demandé à y rester comme valet.

LISANKA.

Pour vivre?

ROSKAW.

Oui... et pour voir jouer!... Je suis là, tous les soirs, non pas dans les salons de bal... mais dans celui du jeu!

je vois avec délice, avec rage... tout ce monde qui s'enrichit...

LISANKA.

Et ceux qui se ruinent ?

ROSKAW.

Je ne les vois pas.

LISANKA.

Mon pauvre Roskaw ! tu es fou !

ROSKAW, portant la main à son front.

Tu as peut-être raison !...

COUPLETS.

Premier couplet.

Le *trois*... le *dix*... et la *dame de pique*...
  Trio fatal !... qui me poursuit
Et que partout une main fantastique
  A mes yeux trace jour et nuit...
  Même dans l'ombre il étincelle,
  Car c'est Belzébuth qui m'appelle
  Et le montre avec son flambeau :
    « Roskaw !... Roskaw !... »
  (Baissant la voix d'un air de compassion.)
  Satan a brouillé son cerveau :
  Il est fou, le pauvre Roskaw !
    Roskaw, Roskaw !
    Pauvre Roskaw !

Deuxième couplet.

J'entends le bruit de l'argent qui résonne !
  Des monceaux d'or sont devant moi.
Puis une voix me dit : Je te les donne !
  Prends-les, ces trésors sont à toi.
  (Regardant Lisanka.)
  Au fond du cœur alors s'éveille
  Doux souvenir qui me conseille
  Et me montre un chemin nouveau
    « Roskaw ! Roskaw !... »

(Avec tristesse.)
Ah! c'en est fait de son cerveau!
Il est fou, le pauvre Roskaw
Roskaw! Roskaw!
Pauvre Roskaw!

ROSKAW et LISANKA.

Ah! c'en est fait de son cerveau!
Il est fou, le pauvre Roskaw!
Roskaw! Roskaw!
Pauvre Roskaw!

VOIX, au dehors.

Roskaw? Roskaw?

LISANKA.

Entends-tu?... on t'appelle!

ROSKAW.

J'y vais!

LISANKA.

Vois si le pavillon que l'on m'a promis est prêt.

ROSKAW.

Oui, et je reviens.

LISANKA.

Car ma maîtresse doit arriver à onze heures... Quelle heure est-il?

ROSKAW, préoccupé.

Dix de pique... (Se reprenant.) non, dix heures!...

VOIX, au dehors.

Roskaw! Roskaw!

(Il va pour sortir par le fond, aperçoit Zizianow qui entre de ce côté; il s'arrête, le regarde et s'enfuit par la droite.)

SCÈNE IV.

KLAREMBERG, ZIZIANOW, LISANKA; puis ROSKAW.

ZIZIANOW, entrant avec Klaremberg.

Quel est donc cet homme qui vient de s'enfuir à ma vue?

LISANKA.

Mon fiancé, monseigneur... un pauvre garçon...

KLAREMBERG.

Celui que nous avons vu dernièrement dans les mines de Polotsk.

ZIZIANOW.

Oui... oui... je me rappelle maintenant... un gaillard qui fera bien de ne jamais rentrer en Russie, où il est destiné à périr sous le knout...

LISANKA, vivement.

Pourquoi?

ZIZIANOW.

Pour avoir laissé échapper de son cachot Constantin Nélidoff...

KLAREMBERG.

A ce compte, je suis encore plus coupable que lui... moi, principale cause de l'évasion.

ZIZIANOW.

Vous n'en étiez que le complice, et puis vous n'êtes pas né Moscovite... tandis que la princesse Polowska, chef et auteur du complot...

KLAREMBERG.

Vous a joué... il faut en convenir, avec une grâce parfaite!

ZIZIANOW.

C'est vrai!... mais je prendrai ma revanche...

KLAREMBERG.

Si vous pouvez!

ZIZIANOW.

C'est déjà fait!

KLAREMBERG.

Vous vous vantez!

ZIZIANOW.

Ignorez-vous donc que la princesse est en ce moment en complète disgrâce?... et lorsque nous l'avons rencontrée dans son château de Polotsk, elle se dirigeait vers la frontière pour échapper au courroux de l'empereur qui lui en veut mortellement. Elle est possédée, à ce qu'il paraît, de la manie de l'évasion...

KLAREMBERG.

Manie de rendre service... manie comme une autre... plus rare, voilà la seule différence. Et quel prisonnier, quel malheureux a-t-elle fait encore échapper?

ZIZIANOW.

Ah! vous ne saviez pas!... La princesse avait une cousine, une amie d'enfance, la petite comtesse Dolgorouki, que notre auguste empereur trouvait charmante... il lui faisait cet honneur; et un jour, qu'il avait hasardé, à ce qu'il paraît, une déclaration par trop... moscovite, la petite comtesse avait eu l'inconvenance d'y répondre par un soufflet sur la joue impériale... crime de lèse-majesté, qui la conduisait en Sibérie, pour le moins, sans l'audace de la princesse Polowska...

LISANKA.

Ma marraine.

ZIZIANOW.

Qui a fait évader sa jeune cousine aux yeux de tous.

KLAREMBERG.

Comment?

ZIZIANOW.

C'est ce qu'on ignore!... Mais c'est contre elle maintenant que l'empereur est furieux!

KLAREMBERG.

Je le crois, et c'est pour laisser à l'orage le temps de se dissiper que la princesse voyage à l'étranger, et va arriver ce matin à Carlsbad! (A Lisanka.) N'est-ce pas?

LISANKA.

Oui, monsieur.

ZIZIANOW, souriant.

Vous croyez?

KLAREMBERG.

Je l'attends!

LISANKA.

Nous l'attendons!

ROSKAW, qui est entré pendant ces derniers mots, dit à demi-voix à Lisanka :

Le pavillon est prêt.

(Lisanka fait un pas pour sortir.)

ZIZIANOW, à Klaremberg.

Vous pourriez l'attendre longtemps.

KLAREMBERG.

Pourquoi?

ZIZIANOW, de même.

A cause des obstacles qu'elle pourra rencontrer sur sa route...

LISANKA, revenant.

Des obstacles, elle n'en connaît pas!

KLAREMBERG.

La petite a raison!... car, entre nous, je soupçonne la princesse... d'être tant soit peu magicienne...

ROSKAW, à part.

C'est vrai!

ZIZIANOW.

Soit! Mais, toute sorcière qu'elle est, elle n'a pas prévu que le czar mon maître et l'empereur d'Autriche s'étaient engagés, par un traité secret, à l'extradition mutuelle des coupables, pour crime d'État...

LISANKA et KLAREMBERG.

O ciel!

ZIZIANOW.

Arrivé hier matin aux eaux de Carlsbad, où je savais trouver l'archiduc vice-roi, j'ai réclamé de lui, au nom du czar, l'exécution du traité. Il a immédiatement donné des ordres, et il vient de m'apprendre à l'instant même... (A Klaremberg.) d'abord, qu'il vous attendait dans son cabinet...

KLAREMBERG.

Je m'y rends!

ZIZIANOW.

Et puis, que la princesse Polowska, arrêtée hier soir avec tous les égards possibles, est, à l'heure qu'il est, renfermée à Pilsen, pour être reconduite en Russie à ma première demande.

LISANKA.

Ah! ma pauvre marraine!

ROSKAW, à part.

Une si brave femme, après tout!

KLAREMBERG, à Zizianow.

Vous en êtes sûr?

ZIZIANOW.

Je viens de lire, de mes yeux, le rapport du commandant de Pilsen!...

SCÈNE V.

ROSKAW, à gauche et un peu en arrière, KLAREMBERG, LA PRINCESSE, entrant par le fond et paraissant, ZIZIANOW, LISANKA; étonnement général.

QUINTETTE.

LISANKA, KLAREMBERG, ZIZIANOW.

O surprise! ô merveille!
Je ne sais si je veille;
Aventure pareille
Étonne ma raison!
Est-ce par son génie,
Est-ce par la magie
Qu'elle est soudain sortie
Des murs de sa prison?

ROSKAW.

O surprise! ô merveille!
Je ne sais si je veille;
Aventure pareille
Renverse ma raison!
Oui, c'est par la magie,
Par la sorcellerie
Qu'elle est soudain sortie
Des murs de sa prison!

LA PRINCESSE, à part.

Ah! tout marche à merveille!
Sur moi l'amitié veille,
Et sa voix me conseille
Contre la trahison!
Doux charme de la vie,
Espérance chérie,
A toi je me confie
Bien plus qu'à ma raison!

LA PRINCESSE, s'avançant vers eux, et tendant la main à Klaremberg.
Sur vous, avec raison, j'avais compté.

ZIZIANOW, à Klaremberg.
                    Comment?
L'on vous avait donné rendez-vous?
            LA PRINCESSE.
                        Oui vraiment!
Monsieur n'est pas le seul!... au fond de la Hongrie
J'avais envoyé l'ordre à quelqu'un d'accourir!
            ZIZIANOW.
Eh! qui donc?
            LA PRINCESSE.
            Constantin Nélidoff! qui, d'avance
J'en suis sûre...
            ZIZIANOW, souriant avec ironie.
Vraiment!...
            LA PRINCESSE.
                    Saura bien m'obéir
A l'heure dite... et malgré la distance!
            ZIZIANOW.
Et pourquoi?
            LA PRINCESSE.
            Telles sont, monsieur, mes volontés,
Et l'on ne connait pas toutes mes qualités!

  Non-seulement je suis bossue,
   Je suis bossue,
    Chacun le voit!
  De plus encor, je suis têtue,
   Je suis têtue
   Plus qu'on ne croit!
Les belles ont droit au caprice,
J'en ai pourtant, et de nombreux,
Et j'entends que l'on m'obéisse
   Quand je le veux,
   Quand je le veux!

SCÈNE VI.

Les mêmes; CONSTANTIN, paraissant.

TOUS.

O ciel !

LA PRINCESSE, se tournant vers Constantin d'un air gracieux.

Très-bien, monsieur, l'exactitude
Des jeunes gens est le premier devoir !

CONSTANTIN, s'inclinant.

Vous obéir en tout est ma première étude !

LA PRINCESSE, à Zizianow d'un air railleur et lui montrant Constantin.

Eh bien ! que dites-vous, prince, de mon pouvoir ?

Ensemble.

LA PRINCESSE.

Non-seulement je suis bossue,
Je suis bossue,
Chacun le voit !
De plus encor, je suis têtue,
Je suis têtue
Plus qu'on ne croit !
Les belles ont droit au caprice,
J'en ai pourtant, et de nombreux,
Et j'entends que l'on m'obéisse,
Qu'on m'obéisse,
Quand je le veux,
Quand je le veux !

ZIZIANOW.

Non-seulement elle est bossue,
Elle est bossue,
Chacun le voit !
De plus encor, elle est têtue,
Elle est têtue,
Plus qu'on ne croit
Mais il faut que cela finisse,
Et dans ces lieux,

Qu'elle cède et qu'elle fléchisse,
  Car je le veux !

CONSTANTIN, à part et regardant la princesse.

Ah ! combien mon âme est émue,
  Qu'elle est émue
  Quand je la vois !
Sur moi soudain sa seule vue,
  Sa seule vue
  Reprend ses droits !
Il faut bien que l'on obéisse
  A ses beaux yeux ;
Suivre ses lois et son caprice
  Sont mes seuls vœux !

LISANKA, KLAREMBERG et ROSKAW.

Non-seulement elle est bossue,
  Elle est bossue,
  Comme on le voit !
De plus encor, elle est têtue,
  Elle est têtue
  Plus qu'on ne croit !
Les belles ont droit au caprice !
  Donc en ces lieux,
Il est juste qu'on obéisse
  A tous ses vœux.

(Klaremberg sort avec Zizianow par le fond ; Roskaw, sur un signe de la princesse, sort par la gauche avec Lisanka.)

SCÈNE VII.

CONSTANTIN, LA PRINCESSE.

CONSTANTIN.

Parlez, madame, pourquoi cet ordre de me rendre ici aujourd'hui, à Carlsbad ?

LA PRINCESSE, souriant.

Eh mais... pour causer de vos affaires !... (Geste d'étonnement de Constantin.) Croyez-vous donc, monsieur, que j'abandonne ainsi mes protégés? Vous avoir délivré des mines de Polotsk ou des conseils de guerre moscovites, c'est moins que rien!

CONSTANTIN.

Vous trouvez?

LA PRINCESSE.

Cela ne vous donne ni une position ni un avenir! Que comptez-vous faire?

CONSTANTIN.

Ne pouvant plus servir en Russie... m'engager dans quelque régiment étranger et m'y faire tuer!

LA PRINCESSE.

J'ai mieux que cela à vous proposer : un établissement, un mariage honorable!

CONSTANTIN.

A moi!...

LA PRINCESSE.

Une jeune fille de bonne maison... qui me doit tout! Daria Dolgorouki, ma proche parente et mon amie intime!

CONSTANTIN.

Banni de mon pays, et jusqu'à ce que j'aie recouvré l'honneur de mon père, déshonoré moi-même, je ne puis allier mon sort à celui de personne!

LA PRINCESSE.

Et si ma protégée, à qui j'ai fait votre éloge, ne s'arrêtait point à de pareilles considérations et vous acceptait sur parole?

CONSTANTIN.

Grâce, princesse! ne vous raillez pas de moi!

LA PRINCESSE.

Qui songe à railler? Celle que je vous propose est riche, jeune et bien faite. (Avec un soupir.) C'est quelque chose!

DUO.

CONSTANTIN, s'inclinant.
Pardonnez-moi... mais je refuse!...

LA PRINCESSE.
Sans la connaître et sans la voir!... pourquoi?

CONSTANTIN, après un moment d'hésitation.
J'en aime une autre!

LA PRINCESSE, souriant.
Allons! mauvaise excuse!
Une défaite!

CONSTANTIN.
Non!

LA PRINCESSE.
Alors confiez-moi
Quelle est cette personne...
(Voyant que Constantin garde le silence.)
Eh oui, nommez-la-moi!
Ne suis-je pas une sœur, une amie?

CONSTANTIN.
Non!... nul ne doit la connaître ici-bas!

LA PRINCESSE, riant.
Ah! c'est qu'alors elle n'existe pas!

CONSTANTIN, vivement.
Si! par bonheur!...

LA PRINCESSE, de même.
Eh bien! je vous défie
De la nommer?

CONSTANTIN.
M'en défier!

LA PRINCESSE, de même.
Eh oui!
Vous le voyez, je vous en fais défi!

CONSTANTIN.

M'en défier!... et si cet aveu même
Vous fâche contre moi?

LA PRINCESSE, de même.

Faites-en donc l'es

CONSTANTIN, hésitant.

Eh bien...

(Avec chaleur.)

Eh bien! celle que j'aime,
C'est vous!

LA PRINCESSE, froidement.

Ce n'est pas vrai!

CONSTANTIN, hors de lui.

Comment, ce n'est pas vrai!

Ensemble.

LA PRINCESSE.

Eh! qui vous oblige
A de tels aveux?
Laissez là, vous dis-je,
Transports amoureux,
Et galanterie,
Et tendres discours!...
Je suis votre amie,
Même sans amours!

CONSTANTIN.

Eh! qui donc m'oblige
A de tels aveux,
Sinon le prestige
Créé par vos yeux?
Fatale magie
Qui dure toujours!
Amour de ma vie
Et mes seuls amours!

LA PRINCESSE, riant.

Je ne peux croire à l'impossible,
Je me connais trop bien, hélas!

CONSTANTIN, avec chaleur.

Non, non, vous ne connaissez pas
L'attrait, le charme irrésistible,
Qui partout s'attache à vos pas !

LA PRINCESSE, de même.

Il en est partout de plus belles !

CONSTANTIN, de même.

Qu'on oublie à vous écouter !
Et ce que j'éprouve auprès d'elles
C'est de penser à vous et de vous regretter !

Ensemble.

LA PRINCESSE.

Qui donc vous oblige, etc.

CONSTANTIN.

Eh ! qui donc m'oblige, etc.

CONSTANTIN, avec chaleur.

Quoi ! vous ne croyez pas à vous, à vos mérites?
A mon amour?

LA PRINCESSE.

Ah ! je désirerais
Y croire... car enfin tout ce que vous me dites,
J'en conviens, me fait plaisir !

(Secouant la tête.)

Mais...

CONSTANTIN.

Quel témoignage, quelle preuve
Vous faut-il donc?

LA PRINCESSE.

Des preuves?... j'en voudrais
Une seule !... très-simple et qui n'est pas bien neuve !
Mais si je vous la dis... ces feux exagérés
S'apaiseront bien vite... et vous refuserez !

CONSTANTIN, vivement.

Cette preuve... parlez !... achevez, je vous prie !

LA PRINCESSE.

C'est de m'épouser!

CONSTANTIN, poussant un cri de joie.
Moi!...

(Prêt à se jeter à ses pieds.)
Quel bonheur!
(Il s'arrête et s'écrie avec désespoir :)
Non... non... non...
Je ne le puis! et vous aviez raison!
Vous, grande dame, et moi sans fortune et sans nom...
Ils croiraient tous... ô nouvelle infamie!
Ils me l'ont dit, du moins, et le diraient encor,
Que je ne vous épouse ici que pour votre or!

Ensemble.

CONSTANTIN, hors de lui.

Oui, le ciel en fureur
S'oppose à mon bonheur!
C'est moi-même, ô destin!
Qui refuse sa main!
Le devoir et l'honneur
Hélas! brisent mon cœur;
Le sort qui me poursuit
M'a proscrit et maudit!

LA PRINCESSE.

Voilà donc cette ardeur
Qui brûlait votre cœur!
Quand je vous offre en vain
Ma fortune et ma main,
Pourquoi, plein de fureur,
Maudire le bonheur
Qui brille, vous sourit
Et pour jamais s'enfuit!

LA PRINCESSE.

Je l'avais bien prédit! j'étais sûre, en moi-même,
Que vous refuseriez...

CONSTANTIN, éperdu.

Parce que je vous aime!

Ensemble.

CONSTANTIN.

Oui, le ciel en fureur, etc.

LA PRINCESSE.

Voilà donc cette ardeur, etc.

SCÈNE VIII.

KLAREMBERG, LA PRINCESSE, CONSTANTIN.

KLAREMBERG.

Ah! princesse, partez, partez vite!

LA PRINCESSE.

Quel air effrayé!

KLAREMBERG.

Ce n'est pas sans raison... J'étais chez l'archiduc vice-roi lorsque sa porte, qu'il avait fait défendre, s'ouvre tout à coup, et entre un courrier russe, tout habillé de noir.

LA PRINCESSE.

Qu'est-ce que cela veut dire?

KLAREMBERG.

Il arrivait de Saint-Pétersbourg, porteur de dépêches pour le vice-roi de Bohême, dépêches terribles, si j'en crois l'effet qu'elles ont produit sur l'archiduc, que j'ai vu soudain pâlir et essuyer plusieurs fois la sueur, qui coulait de son front. Il est resté un instant, la tête cachée dans ses mains, oubliant que j'étais là, puis il a écrit un mot qu'il a donné au courrier, en lui disant : « Courez à Pilsen, voici l'ordre de remettre en vos mains la princesse Polowska! »

CONSTANTIN, étonné.

Comment! la princesse... qui est ici?

KLAREMBERG.

Silence!... (Continuant à voix basse.) J'ai bien vu par là... (S'adressant à la princesse.) qu'il ignorait encore votre évasion de Pilsen et votre arrivée à Carlsbad... Mais il ne peut tarder à l'apprendre, ne fût-ce que par le prince Zizianow, qui entrait dans son cabinet au moment où j'en sortais. Ainsi vous n'avez pas une minute à perdre... partez, partez à l'instant même!...

CONSTANTIN.

Qu'est-ce que cela signifie?...

KLAREMBERG.

Qu'elle est comme vous proscrite, poursuivie par le courroux de l'empereur, qui, non content de confisquer ses biens, veut la faire arrêter ici même, en Allemagne, pour l'envoyer en Sibérie!

CONSTANTIN, tombant aux pieds de la princesse.

Ah! j'accepte maintenant votre main!

KLAREMBERG, étonné.

Que dit-il?

LA PRINCESSE, à Constantin.

Bien! bien! mais à mon tour, à présent, à avoir des caprices... et tant que je ne vous aurai pas fait rendre votre fortune et l'honneur de votre père...

KLAREMBERG.

On vient... partez!... (Voyant entrer Zizianow.) Non!... il n'est plus temps!...

SCÈNE IX.

Les mêmes; ZIZIANOW.

ZIZIANOW, à la princesse, qu'il salue.

L'archiduc, vice-roi, qui vient d'apprendre, par moi, madame, votre arrivée à Carlsbad... arrivée qu'il ne peu s'expliquer, désire vivement vous voir!

CONSTANTIN, à la princesse.

Vous n'irez pas !

KLAREMBERG, de même.

Vous n'irez pas ! ou vous êtes perdue !

ZIZIANOW.

J'espère que non... et si madame daigne, auparavant, m'accorder quelques instants d'entretien...

CONSTANTIN, à Zizianow.

J'allais vous adresser la même demande, à vous, monsieur !

ZIZIANOW.

Soit, monsieur... mais vous comprendrez que je dois d'abord la préférence à la princesse !

(Sur un geste de la princesse, Klaremberg et Constantin se retirent.)

SCÈNE X.
ZIZIANOW, LA PRINCESSE.

ZIZIANOW, après un moment de silence.

J'irai droit au fait, madame... La situation des choses est telle en ce moment, qu'entre nous, désormais, il n'y a plus que deux partis possibles... ou une guerre à mort... ou une étroite alliance !

LA PRINCESSE, souriant.

Vous êtes pour les moyens extrêmes... et en voilà qui me semblent bien effrayants !

ZIZIANOW.

Le premier ?...

LA PRINCESSE, souriant.

Non ! l'autre. Car, en fait d'alliances, il faut des garanties... Lesquelles me donnerez-vous ?

ZIZIANOW.

J'ai là, sur moi, un papier retrouvé par hasard, lequel servirait à réhabiliter la mémoire du feu comte de Nélidoff...

LA PRINCESSE, vivement.

Vraiment...

ZIZIANOW, l'observant avec attention.

Lequel permettrait à son jeune fils ici présent (et que vous protégez beaucoup) de reprendre à la cour de Russie un rang que, sans cela, nul pouvoir, nulle faveur ne pourrait lui rendre.

LA PRINCESSE.

Et vous remettriez ce titre précieux à ce jeune homme?

ZIZIANOW, après un instant de silence.

Non!

LA PRINCESSE.

A moi?

ZIZIANOW, de même.

Non, pas même à la princesse Polowska..

LA PRINCESSE.

A qui donc alors?

ZIZIANOW.

A une seule personne... à la princesse Zizianow, ma femme... Voulez-vous l'être?

LA PRINCESSE, fait un mouvement de surprise, puis se contient et répond froidement :

Malgré l'indifférence que l'on vous témoigne?

ZIZIANOW.

Pourquoi pas?... c'est original... cela me changera.

LA PRINCESSE.

Malgré votre haine pour moi?...

ZIZIANOW.

Les mariages d'inclination ne réussissent jamais!

LA PRINCESSE.

Malgré l'intérêt que je suis censée porter à ce jeune homme ?

ZIZIANOW.

Il ne s'agit pas ici de romans, princesse, mais d'affaires sérieuses...

LA PRINCESSE.

Ce qui veut dire qu'il est arrivé dans ma position ou dans la vôtre des changements que je ne puis deviner, mais qui rendent pour vous cette union nécessaire...

ZIZIANOW, froidement.

Votre réponse?

LA PRINCESSE.

Vous l'aurez ce soir.

ZIZIANOW.

Non... à l'instant même... avant de me quitter... sinon le papier que j'ai là sera par moi déchiré, devant vous, et aucune puissance au monde ne pourra en réunir les morceaux... (A la princesse qui garde le silence.) Votre réponse?

LA PRINCESSE, après avoir hésité.

J'accepte... mais ce papier... vous allez à l'instant même... me le remettre...

ZIZIANOW, tirant de sa poche un papier qu'il lui présente.

Dès que vous aurez signé celui-ci.

LA PRINCESSE, le parcourant.

Une promesse authentique et formelle de mariage... et toute ma fortune pour dédit...

ZIZIANOW.

Vous prenez vos sûretés... je prends les miennes...

LA PRINCESSE.

C'est juste!... Soit! (Elle va à la table et signe.) Tenez, prince... mais avant tout...

ZIZIANOW.

C'est juste! (Lui remettant le papier.) Confiance légitime...

LA PRINCESSE, lui remettant sa promesse de mariage.

Et réciproque...

ZIZIANOW, la saluant.

Le vice-roi vous attend chez lui, princesse!...

LA PRINCESSE.

J'y vais...

(Elle sort par le fond, et Zizianow s'apprête à sortir par la droite.)

SCÈNE XI.

ZIZIANOW, CONSTANTIN.

CONSTANTIN, à Zizianow qui le salue et s'apprête à sortir.

Et mon audience, mon prince?

ZIZIANOW.

Ah! c'est vous, mon ancien prisonnier!

CONSTANTIN.

Je suis libre, et grâce au ciel! nous ne sommes plus en Russie, où vos lois me défendaient de demander raison à mon colonel. Privé de mon grade, exilé de mon pays...

ZIZIANOW.

Abrégeons... c'est un combat que vous venez me proposer... proposition qui me comble de joie... car vous vous rappelez nos conditions, et votre défi me prouve que vous venez me payer. Jamais somme ne sera arrivée plus à propos, car nous avons ce soir un bal masqué... ce qui permet dans tous les salons un jeu effréné... Moi je ne me cache pas, je joue à visage découvert... je compte ce soir tenter les grands coups, et sur trois cartes, dont j'ai bonne idée, risquer toute ma fortune, y compris les trois cent mille roubles que vous m'apportez!

CONSTANTIN.

Tout ce que possédait mon père a été confisqué, vous le savez... mais il me revenait en Hongrie, du côté de ma mère, des biens que je viens de vendre... (Lui présentant un portefeuille.) Voici cent mille roubles... Pour le reste, monsieur, je vous demanderai un peu plus de temps.

ZIZIANOW.

Tout le temps que vous voudrez, monsieur, à votre aise... (Refusant le portefeuille.) Mais gardez, je vous prie... je recevrai tout à la fois... (Froidement.) Je ne me bats qu'à cette condition!

CONSTANTIN.

Quoi! monsieur, il ne vous suffit pas d'un pareil à-compte?

ZIZIANOW.

Je ne veux pas me faire tuer ou vous tuer par à-compte, mais complétement... il me faut donc la totalité...

CONSTANTIN.

Ah! ce refus cache votre crainte!

ZIZIANOW.

Ou plutôt la vôtre... car il vous est si facile de vous procurer la somme nécessaire... ici surtout...

CONSTANTIN.

Que voulez-vous dire?

ZIZIANOW.

Que sur une carte ou deux, vous pouvez, au *pharaon* ou à la *mirandole*, compléter en un instant les deux cent mille roubles qui vous manquent.

CONSTANTIN.

Monsieur... je n'entends rien à de pareils jeux...

ZIZIANOW.

Pariez alors contre moi... rien n'est plus simple... cent, deux cent mille roubles... à vos ordres... je tiens tout!

CONSTANTIN, avec colère.

Monsieur, jamais je ne m'acquitterai ainsi...

ZIZIANOW.

C'est que vous ne voulez pas vous battre...

CONSTANTIN, avec fierté.

Je ne m'acquitterai jamais ainsi, pour la mémoire et pour l'honneur de mon père...

ZIZIANOW, riant.

Père et mère honoreras, afin... .

CONSTANTIN, voulant s'élancer sur lui pour le frapper.

Ah! c'en est trop!... et à l'instant même, à l'instant, monsieur, il faut...

ZIZIANOW, riant.

Permettez... vous avez vos obligations, j'ai les miennes... je vais me marier.

CONSTANTIN.

Vous !

ZIZIANOW.

Notre empereur Pierre III n'est plus... nous venons d'en recevoir la nouvelle... Sa femme lui succède, et la première dame d'honneur favorite de l'impératrice Catherine, la princesse Polowska, par un excès de bonté que je ne mérite pas, consent à partager avec moi sa nouvelle faveur, en m'accordant sa main.

CONSTANTIN, d'un air incrédule.

A vous... monsieur?

ZIZIANOW.

A moi-même! Et si vous m'accusez de fatuité... vous en croirez peut-être vos yeux et cette promesse signée de sa main...

CONSTANTIN, avec fureur.

O ciel! elle qui tout à l'heure encore... Ah!... monsieur....

je me battrai... c'est-à-dire... je jouerai... je parierai... et tout ce qu'il faudra pour me battre...

ZIZIANOW, riant.

Allons donc... c'est la seule manière... je vous l'ai dit... Entendez-vous... l'orchestre retentit... ce sont les salons qui s'ouvrent pour le bal et pour le jeu, et dans l'espoir de m'y mesurer avec vous... je vais vous attendre, monsieur... au champ d'honneur...

CONSTANTIN.

Je vous y rejoindrai bientôt.

ZIZIANOW.

A bientôt!

(Il sortent chacun d'un côté opposé. Le décor change. Pendant la scène précédente on a toujours entendu un air de danse dans le lointain.)

SCÈNE XII.

Le grand salon de jeu à Carlsbad. Un bruit de danses et de fanfares se fait entendre dans les salles voisines. Au milieu du théâtre, une grande table ovale, couverte d'un tapis vert, autour de laquelle DES JOUEURS et DES JOUEUSES sont assis. D'autres sont debout derrière eux : les uns à visage découvert, pâles et livides, d'autres couverts de masques. DES HOMMES et DES FEMMES, portant des costumes de caractère, vont et viennent d'une salle à l'autre. Au milieu de la table, et faisant face au spectateur, LE BANQUIER, sur un siège plus élevé, taillant les cartes; puis avec son râteau, amenant à lui l'argent des joueurs quand il a gagné, ou distribuant des poignées d'or quand il a perdu. ZIZIANOW, puis ROSKAW; plus tard, CONSTANTIN et LISANKA.

FINALE.

Ensemble.

LES JOUEURS, qui gagnent.

Plaisir des dieux! joyeux délire
Dont je ressens le doux transport!

C'est par toi seul que je respire ;
Jouons gaîment, jouons encor !

LES JOUEURS, qui perdent.

Tourments d'enfer ! fatal délire !
Ivresse qui donne la mort,
C'est par toi seule qu'on respire !
Jouons toujours ! jouons encor !
Jouons, jouons jusqu'à la mort !

ROSKAW, entrant d'un air rêveur.

Je voulais fuir... Tout me ramène ici !
Et malgré moi...

(Regardant les tables de jeu.)

Que d'or ! ah ! j'en suis ébloui !

ZIZIANOW, à haute voix.

D'être beau joueur je me pique !
Trois cent mille ducats sur ces trois cartes-là :
Le *trois*, le *dix* et la *dame de pique* !

ROSKAW, à part, poussant un cri de surprise.

Mes trois cartes, ô ciel !... Qui donc les lui donna ?
Comment les connaît-il ?

(Regardant le prince qui vient d'ôter ses gants pour prendre ses cartes.

O nouvelle surprise !

Cette bague !... la mienne !... Oui, celle qu'on m'a prise !
Par elle il va gagner des roubles par millier !

(Avec colère.)

Quelle horreur !

(Avec envie et après un instant de silence.)

Si pour lui je pouvais parier !...

(Fouillant dans ses poches.)

Mais rien !... pas un denier !

LE BANQUIER, de sa voix lente et grave.

Les jeux sont faits, messieurs, rien ne va plus !

TOUS.

Taisons-nous ! écoutons !... Que mes sens sont émus !

(Tous, même ceux qui ne jouent pas, entourent la table et sont groupés autour d'elle. Le banquier a pris un jeu de cartes qu'il a fait couper ;

il tire et jette alternativement sur le tapis une carte à sa droite et une carte à sa gauche. Tous les yeux sont fixés sur lui, chacun attendant et écoutant les cartes qu'il annonce, et trahissant l'émotion qu'il éprouve par des cris de joie ou des imprécations.)

LE BANQUIER, d'une voix monotone.

Le cinq de carreau gagne !

PLUSIEURS JOUEURS, avec joie et demandant de l'argent.

A nous ! de ce côté...

LE BANQUIER, leur jette une poignée d'or et continue.

Le six de trèfle perd !

D'AUTRES JOUEURS, avec colère.

Quelle fatalité !

LE BANQUIER, ramasse l'argent avec son râteau et continue.

Le valet de cœur gagne !

PLUSIEURS JOUEURS.

Ah ! je le disais bien !

LE BANQUIER.

Le neuf de carreau perd !

D'AUTRES JOUEURS.

Quel malheur est le mien !

LE BANQUIER.

Le trois de pique gagne !

ZIZIANOW et ROSKAW, chacun à part et poussant l'un un cri de joie, l'autre un cri de rage.

Ah ! j'en étais certain !

Ensemble.

ZIZIANOW.

O talisman fidèle !
Ton pouvoir est donc vrai ?
Ta puissance est réelle,
Car j'en ai fait l'essai !

ROSKAW.

Talisman infidèle,

Objet de mes regrets !
Cette somme si belle,
C'est moi qui la gagnais !

LES JOUEURS, qui perdent.

O fortune infidèle,
O toi que j'invoquais !
Une faveur si belle
Eût comblé mes souhaits !

LES JOUEURS, qui gagnent.

Plaisir des dieux, joyeux délire, etc.

ZIZIANOW, s'adressant au banquier et l'empêchant de continuer.

Avant tout, payez-moi mes cent mille ducats. (A part.) En attendant la suite.

(Pendant que le banquier est occupé à payer Zizianow, entre, par une des portes de la droite, Constantin avec agitation.)

CONSTANTIN, à lui-même.

Que m'importent mes jours, puisqu'elle m'est ravie !

ROSKAW, debout, à gauche, près du fauteuil où Constantin s'est assis.
— A part.

Et ne pouvoir jouer !

(Haut.)

Je donnerais ma vie
Pour quelques pièces d'or, objet de tous mes vœux !

CONSTANTIN, levant la tête et à part.

Ah ! qu'avant de mourir, je fasse un seul heureux !

(Donnant sa bourse à Roskaw.)

Tiens donc...

ROSKAW, à gauche, ouvrant la bourse et comptant.

De l'or ! grand Dieu ! de l'or !

(Constantin traverse le théâtre et s'approche de Zizianow qui est à droite près de la table.)

CONSTANTIN, à voix basse, à Zizianow.

J'aurai vos jours, monsieur ! ou vous... les miens !

ZIZIANOW, de même.

D'accord !

Vous savez à quel prix je me bats?

CONSTANTIN, de même.

Peu m'importe !

(Avec rage.)
Je joûrai !.., je joûrai !... contre vous... et toujours !

ZIZIANOW.

Très-bien !

(Lui montrant son jeu.)
J'ai pris le dix et la dame de pique...
Sur ces deux cartes-là, pour les deux derniers tours,
J'ai mis, vous le voyez, un enjeu magnifique !...
Pour elles, je parie !

CONSTANTIN.

Et moi contre !

ZIZIANOW.

Combien ?

CONSTANTIN.

Cent mille roubles !... tout mon bien !

ZIZIANOW.

Cent mille roubles... je les tien !

ROSKAW, qui s'est approché de la table pour y mettre son or, et qui a entendu leur marché, dit vivement à Constantin.

Une somme pareille !... ô ciel ! que faites-vous ?
Apprenez qu'il possède un sort cabalistique !

CONSTANTIN, haussant les épaules.

Allons donc !

ROSKAW.

Qui le fait gagner à tous les coups !

CONSTANTIN, de même.

Allons donc ! allons donc !

ROSKAW.

C'est immanquable... car
Il a déjà gagné le premier !

CONSTANTIN, de même.
Par hasard !

LE BANQUIER.
Messieurs, faites vos jeux !

ROSKAW.
Voici qu'on recommence !

(A Constantin.)
Vous êtes prévenu... Pour moi, sûr de la chance,
Je crois au dix de pique, et l'abîme est ouvert
Sous vos pas !...

CONSTANTIN.
O folie !

ROSKAW.
Eh non ! c'est authentique !
Le dix et la dame de pique
Doivent gagner toujours !

LE BANQUIER, lentement et tirant les cartes.
Le dix de pique perd !

TOUS, poussant un cri.
O ciel !

LE BANQUIER, à Zizianow.
A moi votre or !...

CONSTANTIN, s'approchant de Zizianow.
J'ai gagné ! j'ai gagné !

ROSKAW, anéanti.
Je n'y puis croire encor !

Ensemble.

CONSTANTIN.
La fortune, longtemps fatale,
Se lasse enfin de me trahir !
Courage ! la chance est égale,
Je veux mourir ou réussir !

ZIZIANOW.
Puissance terrible, infernale,

Qui devait toujours me servir !
De cette trahison fatale
Je ne puis encor revenir !

ROSKAW.

Puissance terrible, infernale !
Qui ne devrait jamais trahir,
Quelle circonstance fatale
T'empêche donc de réussir ?

LE CHOEUR.

La fortune, pour lui fatale,
Commence enfin à le trahir.
Courage ! la chance est égale,
Contre lui l'on peut réussir !

ROSKAW, qui s'est approché de Zizianow, regarde la bague qu'il a à la main, et lui dit vivement à voix basse et avec reproche.

Et le chaton qui n'est pas retourné ?

ZIZIANOW, regardant sa bague.

C'est vrai !

ROSKAW, de même.

Voilà pourquoi nous n'avons pas gagné !

ZIZIANOW, à part.

Eh ! de qui vient un tel langage ?
(Se retournant.)
Roskaw ! !...

ROSKAW, de même.

Qui de la bague eût fait meilleur usage...

ZIZIANOW, lui fermant vivement la bouche.

Malheureux ! tais-toi ! tais-toi !
Tiens ! tiens ! voici de l'or !

ROSKAW.

Pour moi !
(A part avec joie.)
De l'or pour moi !... De l'or !

ZIZIANOW, bas à Constantin.

Ma défaite

Ne rend pas la somme complète!
Et ma revanche...

CONSTANTIN.

Soit!

ZIZIANOW.

Cent mille roubles!

CONSTANTIN.

Soit!

LISANKA, qui est entrée quelques instants auparavant, court à Constantin qu'elle aperçoit.

Grand Dieu, que faites-vous?

CONSTANTIN.

Dieu m'entend et me voit!

LISANKA, à Roskaw.

Et toi, tout cet argent?...

ROSKAW.

Je le risque à bon droit.
Le succès est certain!...

Ensemble.

ZIZIANOW.

O talisman fidèle !
Ton pouvoir est donc vrai?
Ta puissance est réelle,
Car j'en ai fait l'essai !
Ta magique opulence,
O démon tentateur !
Fait naître l'espérance
Et la joie en mon cœur!

ROSKAW.

O talisman fidèle,
Objet de mes regrets,
Par ta vertu nouvelle
Comble tous mes souhaits!
Pour nous revient la chance,
Et ton pouvoir vainqueur

Amène l'espérance
Et la joie en mon cœur!

LE CHŒUR.

O fortune infidèle,
O toi que j'implorais!
D'une faveur nouvelle
Viens combler mes souhaits!
Pour nous tourne la chance;
Sa perte et son malheur
Ramènent l'espérance
Et la joie en mon cœur!

CONSTANTIN.

O sort longtemps rebelle
Que longtemps j'implorais!
D'une faveur nouvelle
Viens combler mes souhaits!
Pour moi tourne la chance;
Cet éclair de bonheur
Ramène l'espérance
Et la joie en mon cœur!

ROSKAW, à Lisanka.

Viens! partage avec moi l'espoir qui m'est offert!
Oui, la fortune ingrate, à qui pour toi j'aspire,
Va donc pour cette fois à la fin me sourire!

LE BANQUIER, d'une voix lente.

La dame de pique perd!

Ensemble.

ROSKAW.

Ah! ce n'est pas possible!
Par le ciel et l'enfer!
Il perd! il perd! il perd!
Et ce coup si terrible
Nous vient de Lucifer!

ZIZIANOW.

Ah! ce n'est pas possible!
Par le ciel, les enfers!

Je perds... je perds... je perds !
Coup fatal et terrible,
Tu me viens des enfers !

LE CHOEUR.

Ah ! ce n'est pas possible...
Par le ciel et l'enfer !
Il perd... il perd... il perd !
Et ce coup si terrible
Lui vient de Lucifer !

(Après ce dernier ensemble, Constantin s'approche de Zizianow.)

CONSTANTIN, bas à Zizianow et lui remettant son portefeuille.

Tout l'or que vous devait mon père,
Le voici !... Maintenant marchons !

ZIZIANOW, avec colère.

Ah ! de grand cœur !
Que sur quelqu'un au moins retombe ma fureur !

(Ils vont pour sortir. Une musique infernale et sombre se fait entendre dans l'orchestre, et par la porte du fond, au milieu, paraît une femme masquée, habillée comme la dame de pique.)

SCÈNE XIII.

LES MÊMES ; LA DAME DE PIQUE, se plaçant entre Constantin et Zizianow.

LA DAME DE PIQUE.

Arrêtez !

TOUS, la regardant avec étonnement.

Dieu ! que vois-je ?

ZIZIANOW.

En enfer et sur terre,
Toujours elle !

LA DAME DE PIQUE, d'un ton grave.

Pour toi je reviens du tombeau !

ZIZIANOW, étendant la main vers elle.

Qui que tu sois, que veux-tu?

LA DAME DE PIQUE.

Mon anneau!

(Elle le lui arrache.)

(Zizianow reste anéanti. Plusieurs sons de trombone se font entendre, puis, pendant qu'il tressaille et qu'il porte, croyant devenir fou, ses deux mains à son front, l'orchestre s'apaise peu à peu, diminue, et continue très-doucement et tremolo pendant la scène suivante.)

LA DAME DE PIQUE.

Oui, je viens empêcher un combat inutile... (Remettant un papier à Constantin.) et rendre à Constantin l'honneur de son père!

CONSTANTIN.

Est-il possible... cette voix!

ZIZIANOW.

Et cet écrit... c'est la princesse!

CONSTANTIN.

C'est elle!

LA DAME DE PIQUE.

Moi!... vous n'y pensez pas... regardez donc tous deux!
(Elle leur montre sa taille, qui est droite, et fait quelques pas vers eux sans boiter.)

ZIZIANOW.

C'est vrai!... qui donc es-tu?

LA DAME DE PIQUE.

La dame de pique, qui vient annuler une certaine promesse de mariage!

ZIZIANOW, étonné.

Comment?

LA DAME DE PIQUE.

Qui, du reste, n'a jamais été signée par la princesse.

ZIZIANOW.

Et par qui donc?

LA DAME DE PIQUE.

Par la dame de pique... par moi, qui avais pris le nom de la princesse, sa forme et ses traits!

ZIZIANOW.

Ah! c'en est trop!... (Voulant la démasquer.) Et je saurai...
(La Dame de pique se réfugie près de Constantin.)

SCÈNE XIV.

Les mêmes; KLAREMBERG.

KLAREMBERG, à Zizianow.

Colonel! colonel! votre prisonnière qui arrive de Pilsen.

ZIZIANOW.

Qui donc?

KLAREMBERG.

La princesse Polowska!

TOUS.

La princesse...

KLAREMBERG.

Je viens moi-même de lui donner la main pour descendre de voiture... et jugez de mon étonnement... c'étaient toujours les mêmes charmes extérieurs... mais ce n'était pas notre princesse de ce matin... c'en était une autre!

CONSTANTIN, vivement.

Mais l'autre?...

ZIZIANOW.

Quelle est-elle?...

LA DAME DE PIQUE.

La dame de pique peut vous le dire... Pour dérober à la fureur du czar la petite comtesse Daria Dolgorouki, sa cousine... la princesse Polowska l'avait fait partir de Saint-Pétersbourg, bravement, en plein jour, la faisant passer pour elle; lui donnant ses gens, sa voiture, ses habits... mais il fallait, en outre, que le signalement bien connu (Montrant son épaule.) fût conforme et complet... et alors...

ZIZIANOW.

Qu'entends-je!

TOUS, à la dame de pique.

Vous seriez?...

LA DAME DE PIQUE, ôtant son masque.

Daria Dolgorouki!

CONSTANTIN.

O ciel!

DARIA.

Qui vous donne, à vous, cet anneau, celui des fiançailles!

CONSTANTIN, avec bonheur.

Ah! je n'ai plus rien à désirer!

KLAREMBERG, à la princesse.

Je n'en dirai pas autant... et ces trois cartes gagnantes que m'a bien réellement données la princesse, d'où venaient-elles?

LA PRINCESSE, à demi-voix, l'amenant au bord du théâtre.

A vous, qui êtes notre ami, je puis vous le dire... L'impératrice Élisabeth, qui était joueuse, n'aimait qu'à gagner. Pour en être plus sûre, Sa Majesté Impériale ne dédaignait pas de tricher... et sa confidente, la princesse Polowska, en vous indiquant les trois cartes sur lesquelles pontait l'impératrice, était sûre d'avance...

KLAREMBERG, à demi-voix.

Que je ne perdrais pas!

ROSKAW, à part, montrant Klaremberg.

Est-il heureux!... il possède le véritable secret!

LE CHŒUR.

Plaisir des dieux, joyeux délire,
Dont je ressens le doux transport!
C'est par toi seul que je respire;
Jouons gaîment, jouons encor!

MOSQUITA
LA SORCIÈRE

OPÉRA-COMIQUE EN TROIS ACTES

En société avec M. Gustave Vaez.

MUSIQUE DE X. BOISSELOT.

THÉATRE DE L'OPÉRA-NATIONAL. — 27 Septembre 1851.

PERSONNAGES.   ACTEURS.

DON MANOEL, fils du vice-roi du Mexique. MM. Michel.
PEBLO, fiancé de Bénita. . . . .   Horace-Menjaud.
GALLARDO, alcade et aubergiste . . . . .   Grignon.
CARASCO, factotum de don Manoël. . . . .   Leroy.
MORELLOS, ami de don Manoël. . . . . .   Wilhem.
RIVELLO, chef de Gitanos. . . . .   —

MOSQUITA . . . . Mmes Rouvroy.
BÉNITA, jeune fermière. . . . .   F. Mendez.
DOLORÈS, sa tante. . . . .   Vadé-Bibre.

Seigneurs, Amis de Don Manoel. — Gitanos. — Habitants du village.

Aux environs de Mexico, en 1800.

MOSQUITA
LA SORCIÈRE

ACTE PREMIER.

Un site aux environs de Mexico. A gauche, la ferme de Dolorès. Près de la porte, un tonneau et un banc de bambous. A droite, l'hôtellerie de Gallardo, avec l'indication : *Posada*, sur son enseigne. En avant de l'hôtellerie et en face du spectateur, une petite terrasse entourée d'une balustrade. Au fond, des montagnes avec un chemin tournant.

SCÈNE PREMIÈRE.

DOLORÈS et BÉNITA, habillée en mariée, sortant de la ferme.

INTRODUCTION.

DOLORÈS.

Ma nièce, tenez-vous droite ;
Surtout, écoutez-moi bien :
Quand un homme nous convoite
Pour former un doux lien,

On doit au ciel rendre grâce,
Avoir un air plus joyeux!...
Ah!... si j'étais à votre place!...

BÉNITA, soupirant.

Ah! je ne demande pas mieux!

DOLORÈS.

Il vous prend pour sa compagne,
Lui, si riche! lui, Péblo!
Et dans la Nouvelle-Espagne,
Sous le ciel de Mexico,
Pas une n'est dans la passe
D'un destin si glorieux!
Ah! si j'étais à votre place!

BÉNITA, soupirant.

Ah! je ne demande pas mieux!

DOLORÈS.

Mais que veut dire ce soupir?
Répondez, sotte que vous êtes!

BÉNITA, écoutant.

Ah! des tambours, des castagnettes!
Les entendez-vous retentir?
(Elle court regarder au loin.)
Des Gitanos dans ce village!

DOLORÈS, haussant les épaules.

Quand on lui parle mariage,
Ne penser qu'à se divertir!...

BÉNITA, revenant.

C'est toujours ça de pris sur l'avenir.

SCÈNE II.

Les mêmes; Habitants du village, hommes et femmes, qui accourent de toutes parts au-devant d'une troupe de Gitanos, conduite par leur chef RIVELLO, et précédant MOSQUITA.

LES GITANOS.

Gitanos sans aïeux,
Nous courons en tous lieux;
Librement nous vivons
Et gaîment nous buvons,
Confiant au destin
L'avenir incertain!
Nous aimons
Et nous chantons,
Sans crainte importune.
De la nuit
Quand l'astre luit,
Nous cherchons fortune.
Chaque jour a son désir,
Chaque nuit a son plaisir.
Où se plante
Notre tente,
Sous nos lois
Nous sommes rois!

(On entend retentir un tambour de basque. Les Bohémiens et les villageois remontent au-devant de Mosquita qui entre.)

MOSQUITA.

C'est Mosquita la sorcière!
Empressez-vous d'accourir.
Ma science familière
Vous dévoile l'avenir.
Voulez-vous des chansonnettes
Qui dissipent les chagrins?
Mon tambour, mes castagnettes
Accompagnent mes refrains!
Tra la, la, la, la, la, la!

Amantes délaissées
Dont on trahit la foi,
Plaintives fiancées,
Venez, venez à moi !
Vous qui versez des larmes
Sur d'ingrates amours,
J'ai des philtres, des charmes...
Qui font aimer toujours !

C'est Mosquita la sorcière ! etc.

BÉNITA, à sa tante.

C'est une devineresse...
Si nous la retenions ?...

DOLORÈS.

Y pensez-vous, ma nièce ?
Moi, j'en ai peur !

BÉNITA.

Vous avez tort.
(S'approchant de Mosquita.)
Vous conjurez le mauvais sort,
Dites ?

MOSQUITA.

C'est mon état. Je suis l'enchanteresse
De la tribu des Borzindous,
Et je prédis à tous
Les destins les plus doux !
(Aux villageois.)
A vous la richesse !
A vous d'heureux jours !
De fidèles amours,
Des trésors, des bijoux,
(Aux jeunes filles.)
Et surtout des époux !

LE CHŒUR.

Vive la sorcière,
Reine des esprits,
Dont le savoir-faire

Donne des maris!
Dans tout le Mexique
Chacun redira
Le talent magique
De la Mosquita!

(Pendant ce chœur, Mosquita dit la bonne aventure aux jeunes filles en lisant dans leurs mains.)

RIVELLO, à Mosquita.

Il faut partir.

LES VILLAGEOIS.

Encore un seul instant!

RIVELLO.

De nous revoir impatiente,
A Toluca la tribu nous attend.

MOSQUITA.

Oui, mais la chaleur accablante
Rend le repos bien attrayant.

LES VILLAGEOIS.

Restez et nous pairons.

MOSQUITA, souriant.

Vraiment?... Cela me tente;
Qu'en dis-tu, Rivello?

RIVELLO.

L'on nous attend.

MOSQUITA.

Eh bien!
Pars donc, et quand, demain, tu verras le jour poindre,
Rassemble nos amis et venez me rejoindre
Dans ces lieux, où tu vois que je ne risque rien!

RIVELLO.

C'est dit, je pars.

MOSQUITA, se retournant vers les jeunes filles.

Et moi, je reste ici.

LE CHŒUR.

Viva!
Viva la Mosquita!

Vive la sorcière, etc.

(Sortie des Bohémiens et des jeunes filles du village que Mosquita reconduit jusqu'au chemin de la montagne.)

SCÈNE III.

DOLORÈS, MOSQUITA, BÉNITA.

MOSQUITA.

Les voilà toutes contentes. Moi, d'abord, je n'annonce jamais de malheurs... ils viennent toujours trop tôt!

DOLORÈS.

Vous ne serez pas fâchée, par cette chaleur, de prendre une tasse de lait de la ferme.

MOSQUITA.

Non, vraiment!

DOLORÈS.

J'en ai d'excellent, et je vais... Et puis, nous avons ce matin une cérémonie dont vous n'avez pas idée, vous autres sorcières indiennes... La visite à la Vierge de Guadalupe.

MOSQUITA.

C'est donc bien beau?

DOLORÈS.

Les jeunes filles du village viennent prendre la mariée sous un dais de fleurs pour la conduire à la chapelle, où elle reçoit une couronne de roses... laquelle éloigne du ménage tous les maléfices.

MOSQUITA.

En vérité?

DOLORÈS.

Grâce à elle, on se met tout de suite à aimer son mari... et je tiens à ce que ma nièce fasse ce pèlerinage.

MOSQUITA.

Elle n'adore donc pas son fiancé?

BÉNITA.

Dame! au retour de la chapelle, ça viendra peut-être!... mais jusqu'à présent...

MOSQUITA.

Il vous déplaît?

BÉNITA.

Je n'en sais rien... je ne l'ai jamais vu, ni ma tante non plus.

DOLORÈS.

Si, vraiment, je l'ai vu!... et pas plus haut que ça... chez son père... un ancien adorateur à moi, car j'en avais beaucoup...

BÉNITA, l'interrompant.

Et cette tasse de lait que vous avez promise... je ne peux pas, à cause de mon beau costume... sans cela!...

DOLORÈS.

J'y vais... j'y vais, et je reviens.

(Elle rentre dans la ferme.)

SCÈNE IV.

BÉNITA, MOSQUITA.

BÉNITA, après s'être assurée que sa tante est partie, revient vivement auprès de Mosquita.

Señora...

(Elle s'arrête embarrassée.)

MOSQUITA.

J'entends, ton prétendu est vieux?

BÉNITA, soupirant.

Non, vraiment. On dit qu'il est jeune, vingt-cinq ans.

MOSQUITA.

Il est donc laid?

BÉNITA, soupirant.

Il est très-beau!

MOSQUITA.

Il est donc sans fortune?

BÉNITA, de même.

Il est très-riche... le fils unique d'un ranchero... un fermier de Santiago, Péblo Zatécas, qui demeure à soixante lieues d'ici, et qui, sans me connaître, a fait demander ma main par son père!

MOSQUITA.

Et tu soupires!... Alors, c'est que tu en aimes un autre?

BÉNITA, effrayée.

Ah! mon Dieu! comme vous devinez!

MOSQUITA.

C'est mon état.

BÉNITA.

Eh bien! oui... Un jour... dans la vallée de Toluca... dans les grandes herbes de la prairie... était couché un buffle sauvage que je ne voyais pas... ah! j'ai poussé un cri!... vous jugez! en me mettant à courir de toutes mes forces, et je cours bien... Mais, c'est égal... c'était fait de moi... lorsque sur un rocher apparait un montagnard... un jeune homme tenant à la main son lasso... et il le lance avec tant d'adresse, que le buffle, arrêté par le nœud coulant, s'étrangle lui-même et tombe à terre... j'en avais fait autant, évanouie de frayeur...

MOSQUITA.

En vérité?

BÉNITA.

Je le suppose!... car le montagnard m'avait prise dans ses bras... il me croyait morte... et, tout effrayé, pour me rappeler à la vie (Baissant les yeux.), il m'embrassait.

MOSQUITA.

Pauvre jeune homme!

BÉNITA, vivement.

C'est du moins ce que j'avais cru voir en revenant à moi... et puis, une voix si douce... un accent si tendre!... Depuis ce temps-là... je n'ai fait que penser à lui, le jour... la nuit... mais je n'en ai plus entendu parler... il n'a plus reparu... et vous qui savez tout, dites-moi, bien vite, pendant que ma tante n'est pas là, si je dois jamais le revoir. (Lui tendant la main et tournant les yeux du côté de la ferme.) Dépêchez-vous de regarder.

MOSQUITA, serrant la main de Bénita sans y regarder.

Je te jure que tu le reverras!

BÉNITA, vivement.

Quand cela?

MOSQUITA.

Si c'est avant ton mariage... tant pis pour toi!

BÉNITA, tremblante.

Et si ce n'était... qu'après?

MOSQUITA.

Tant pis pour ton mari.

BÉNITA.

Comment cela?

MOSQUITA.

Silence!

BÉNITA.

C'est ma tante.

SCÈNE V.

LES MÊMES ; DOLORÈS, sortant de la ferme, tenant une tasse de lait, GALLARDO, sur les degrés de son hôtellerie.

DOLORÈS.

Eh ! c'est mon voisin Gallardo.

(Elle dépose la tasse de lait sur le tonneau et va au devant de Gallardo. — Bénita montre le banc de bambous à Mosquita pour l'inviter à s'y reposer ; elles apportent le banc à l'avant-scène. — Mosquita s'assied et Bénita lui apporte la tasse de lait.)

GALLARDO, à Dolorès.

Ma voisine, je venais vous parler... de choses importantes.

DOLORÈS.

De notre repas de noce ?

GALLARDO.

Il a été commandé et payé d'avance par le futur ; mais je n'ai pu encore m'en occuper.

DOLORÈS.

Et la journée avance.

GALLARDO.

Est-ce que j'ai un instant à moi ?... Hôtelier et premier magistrat du village, tout m'accable à la fois... D'abord des lettres de Mexico, de notre digne vice-roi...

DOLORÈS.

Un noble vieillard que chacun aime...

GALLARDO.

Ce n'est pas comme son fils !

DOLORÈS.

Un impie, un libertin qui ne craint ni Dieu ni diable !

GALLARDO.

Et j'ai à ce sujet un avis à vous donner. (Bénita est allée

reporter la tasse dans la ferme. Mosquita se lève, passe derrière le banc sur lequel elle s'appuie, écoutant avec attention Gallardo, qui continue.) Vous savez que, brouillé avec son père, don Manoël s'était retiré, avec une vingtaine de mauvais sujets comme lui, dans son château à dix lieues d'ici... d'où, intrépides chasseurs, ils font rafle sur tout ce qu'il y a de mieux dans le pays en gibier... et en jeunes filles...

DOLORÈS.

Quelle indignité!

GALLARDO.

Eh bien! l'on dit que le jeune marquis et ses compagnons se dirigent de ce côté... C'est un bruit qui court... je vous en préviens.

DOLORÈS.

Cela m'est égal! aujourd'hui ma nièce va être mariée... et moi... je saurai bien...

GALLARDO.

Vous faire respecter!... (Bénita revient s'asseoir sur le banc avec Mosquita. Gallardo tire une lettre de sa poche.) De plus, ma voisine, si vous vouliez, comme à l'ordinaire, me donner connaissance de la dépêche du vice-roi... parce qu'alcade et hôtelier... j'ai toujours tant à faire... que je n'ai pas encore eu le temps de commencer...

DOLORÈS, souriant.

Vos études... (Elle lit.) Ah! ah!... c'est un ordre exprès de vous assurer de tous les vagabonds qui voyageraient sans papiers et sans passeports.

GALLARDO, reprenant la lettre.

On s'y conformera. Je vais à la ville... à la provision... pour notre dîner d'aujourd'hui. (Faisant le doucereux.) Au revoir, ma voisine. (A part.) Elle est charmante! (Apercevant Mosquita.) Qu'est-ce que je vois là?... quelle est cette femme?

BÉNITA, se levant.

C'est Mosquita la sorcière!

GALLARDO.

Une sorcière?

DOLORÈS.

Qui chantera à la noce.

BÉNITA.

Et qui, si vous le voulez, vous dira votre bonne aventure.

GALLARDO.

Elle me dira d'abord qui elle est... (A Mosquita.) Qui êtes-vous?

MOSQUITA.

Mosquita la sorcière.

GALLARDO.

Où êtes-vous née?

MOSQUITA.

Je n'en sais rien.

GALLARDO.

Vos parents?

MOSQUITA.

Je ne les connais pas!

GALLARDO.

Où allez-vous?

MOSQUITA.

Devant moi!

GALLARDO.

Que faites-vous ici?

MOSQUITA, s'étendant sur le banc.

Je me repose!

GALLARDO, avec impatience.

Je vous demande ce que vous y êtes venue faire?

MOSQUITA, haussant les épaules.

Entendre des sottises!

GALLARDO.

C'en est trop!

MOSQUITA.

Vous dites vrai... et je m'en vais!

(Elle se lève.)

GALLARDO, la retenant.

Un instant!... vos papiers?...

MOSQUITA.

Je n'en ai pas.

GALLARDO, avec importance.

Vous devez en avoir!

MOSQUITA.

Je n'en ai pas.

GALLARDO, appuyant sur chaque syllabe.

Vous—de—vez—en—a—voir!

MOSQUITA, avec impatience.

Je—n'en—ai—pas! et c'est comme l'esprit!... quand on n'en a pas... on n'en a pas!... Voilà notre position à tous les deux.

GALLARDO.

J'ai donc raison de dire que vous êtes une vagabonde... que vous battez la campagne.

MOSQUITA.

Je ne suis pas la seule.

GALLARDO.

Et si j'appelle la force armée?...

MOSQUITA.

Vous n'en avez pas!

BÉNITA, à Gallardo.

C'est vrai!

GALLARDO.

Si... je vous plonge dans une prison?

10.

MOSQUITA.

Vous n'en avez pas !

DOLORÈS, à Gallardo.

C'est vrai !

GALLARDO, furieux.

Ah ! c'est à en perdre la tête !

MOSQUITA.

Vous n'en avez...

GALLARDO, avec fureur.

Oh ! puisque vous osez vous révolter contre l'autorité du premier et du seul magistrat de ce village... nous verrons !... (La prenant par le bras.) Ah ! je n'ai pas de prison !... (A Dolorès.) Ma voisine, je vous enjoins de prêter main-forte à l'autorité.
(Aidé par Dolorès, il entraîne Mosquita dans l'hôtellerie : on entend au loin des flûtes et des guitares.)

DOLORÈS, à Bénita, après avoir été regarder au pied de la montagne.

C'est tout le village qui vient vous chercher... Vite ! vite ! venez mettre votre voile.

(Elle l'entraîne dans la ferme.)

SCÈNE VI.

LES GARÇONS DU VILLAGE, entrant en dansant précédés, par les JOUEURS de flûte et de guitare ; les JEUNES FILLES, portant un dais de fleurs. Puis DOLORÈS, BÉNITA, GALLARDO et DEUX SERVITEURS.

LE CHŒUR.

Voici la bienheureuse vierge,
Reine du ciel,
Qui des epoux réclame un cierge
Pour son autel !
Veille sur eux, ô Notre-Dame
Des saints amours !
Qu'en leur cœur ta divine flamme
Brille toujours !

(Dolorès est revenue avec Bénita qu'elle montre avec orgueil à ses compagnes. Gallardo sort de l'hôtellerie avec deux serviteurs.)

GALLARDO, à Dolorès.

J'ai choisi pour ma prisonnière
Un appartement isolé;
De bons verrous, un tour de clé,
Me répondent de la sorcière!

DOLORÈS.

Eh! quand la sorcière voudra,
De prison elle sortira!

GALLARDO.

Je l'en défie.

DOLORÈS.

Ah! l'on verra!

GALLARDO.

Et je puis maintenant sans crainte
Aller à la provision;
Et vous, près de la Vierge sainte,
Marchez, sainte procession!

(Il part avec ses deux serviteurs. Bénita va se placer sous le dais, et la procession se met en marche.)

LE CHOEUR.

Voici la bienheureuse vierge, etc.

(Les garçons suivent en dansant le cortége de Bénita.)

SCÈNE VII.

CARASCO entre et regarde un instant la procession, qui disparaît dans le sentier de la montagne, puis il va s'asseoir sur les marches de l'hôtellerie; DON MANOEL paraît.

DON MANOEL, jetant son manteau sur le banc.

Carasco!

CARASCO.

Je suis là, monseigneur, brisé de fatigue.

DON MANOEL.

Où sont mes amis?

CARASCO.

Perdus dans la montagne... vous les avez quittés si brusquement!

DON MANOEL.

Oui, de cette hauteur, j'avais cru apercevoir de loin... dans la plaine...

CARASCO.

Qui donc?

DON MANOEL, brusquement.

Que t'importe?... Où sommes-nous?

CARASCO.

Je l'ignore. J'ai attaché nos deux chevaux à la grande porte de cette posada après y avoir frappé vainement... personne n'a répondu... pas un être vivant : c'est comme un sort que l'on a jeté sur nous, depuis que nous avons eu l'audace de nous jouer à cette sorcière.

DON MANOEL, le saisissant au collet.

Malheureux!... je t'ai défendu de prononcer son nom.

CARASCO.

Aussi, monseigneur, je n'en dis rien, je me tais...

DON MANOEL.

Et moi, je veux que tu parles... Voyons, est-ce que tu croirais, par hasard, à sa prétendue sorcellerie?

CARASCO, reculant.

Non, monseigneur, je n'y crois pas... j'ai trop d'esprit pour cela... mais j'en ai peur.

DON MANOEL.

Imbécile!

(Il s'assied sur le banc.)

CARASCO, derrière le banc.

Et si mon doux maître voulait seulement, sans se fâcher, raisonner un peu avec moi...

DON MANOEL.

Raisonnons, j'y consens... aussi bien, nous n'avons rien à faire.

CARASCO.

Je vous préviens, pour ne pas vous prendre en traître... que cela va être de la morale.

DON MANOEL.

Encore !... eh bien, tu disais donc ?

CARASCO.

Je disais... que vous êtes bon... au fond, sans qu'il y paraisse. Votre premier mouvement est toujours excellent, mais... vous n'écoutez jamais que le second; aussi le vice-roi du Mexique, votre père, qui jusqu'à présent vous a toujours ouvert ses bras, a déclaré vous fermer sa bourse et son cœur. Et, ce qui est plus terrible encore, il m'a fait dire qu'il me regarde comme le conseiller de tous vos désordres, moi qui passe ma vie à faire des sermons comme vous des extravagances. (Don Manoël se lève et saisit son fouet; Carasco se pelotonne et continue d'un ton suppliant :) Mon doux maître... je vous en conjure, je vous en supplie...

DON MANOEL.

De quoi ?... de te payer tes gages ?

CARASCO.

D'abord !... ce sera déjà un changement... et puis, si vous m'en croyez... vous reviendrez à la vertu, ne fût-ce que par caprice et pour essayer du nouveau !

DON MANOEL, souriant.

C'est une idée.

CARASCO.

N'est-ce pas ? Et si j'étais de vous, je retournerais dès aujourd'hui au palais du vice-roi... je me soumettrais à sa volonté paternelle...

DON MANOEL.

Mais sais-tu que sa volonté paternelle est de me marier ?

CARASCO.

Que voulez-vous ? il est élevé dans ces idées-là ! il faut lui pardonner ! il est persuadé que cela vous rangera... Je n'en crois rien ! mais enfin, pourquoi ne pas essayer?

DON MANOEL.

Moi, me marier?... et avec une prude... une bégueule... une dévote!...

CARASCO, se récriant.

Ah! monseigneur!... traiter ainsi votre famille... votre cousine Fernande!...

DON MANOEL.

Une femme que je déteste!

CARASCO.

C'est jouer de malheur! vous qui les aimez toutes!

DON MANOEL.

Autrefois... mais maintenant je leur ai juré une guerre éternelle!...

CARASCO.

C'est bien de la constance pour vous!

DON MANOEL, avec colère.

A commencer par une que tu connais!... et si jamais elle tombe entre mes mains...

CARASCO.

Heureusement, ce n'est pas possible!

DON MANOEL.

Pas possible! c'est ce que nous verrons! car ce sera désormais mon unique but, ma seule pensée... Je n'en ai plus qu'une... c'est de la châtier comme elle le mérite!...

CARASCO.

Mais après tout, monseigneur... qu'a-t-elle donc fait?

DON MANOEL.

Ce qu'elle a fait?... une gitana... une fille de Bohême,

que, dans mon château de Celaya, j'avais admise par grâce, elle et ses compagnons, à l'honneur de danser et de chanter devant moi...

CARASCO.

Eh bien ! est-ce qu'elle ne chantait pas à merveille ?

DON MANOEL.

Je ne dis pas non ! et quand je lui faisais l'honneur de lui offrir, à elle seule, en tête-à-tête, une chaîne d'or... ne l'a-t-elle pas repoussée d'un air de princesse ?... Et quand, dépité de son refus, enivré de sa beauté, ou plutôt de sa coquetterie, j'ai voulu saisir dans mes bras cette fière beauté... elle n'a pas craint de me frapper au visage, moi, don Manoël, marquis de Jaral !... moi, fils du vice-roi !

CARASCO.

C'est donc pour cela que vous avez chassé ses compagnons, et que vous avez jeté la Mosquita dans la tour du château ?

DON MANOEL.

Une porte cadenassée et doublée en fer !... et le lendemain, quand j'espérais jouir de sa confusion... elle était disparue... sans que rien eût été brisé ou dérangé ; elle avait fui sans laisser de traces !...

CARASCO.

Et vous ne voulez pas qu'il y ait de la sorcellerie ?

DON MANOEL.

Non, je ne le veux pas ! et la preuve, c'est que depuis ce moment, je me suis mis à sa poursuite... la preuve !... c'est que... (Apercevant Mosquita qui paraît sur la terrasse.) O ciel !

CARASCO.

Qu'avez-vous donc ?

DON MANOEL.

Rien ! va au-devant de nos compagnons... amène-les-moi.

CARASCO.

C'est que j'ai bien faim!...

DON MANOEL.

Et moi aussi... mais je n'y pense plus... je l'ai oublié. Va-t'en. (Après avoir frappé à la porte de l'hôtellerie et vainement essayé de l'ouvrir.) Cette porte! avec quoi la briser? (Il va prendre une bêche contre le mur de la ferme.) Ah! par saint Jean d'Ulloa, nous allons voir!

SCÈNE VIII.

DON MANOEL, MOSQUITA.

(Mosquita du haut de la terrasse fait un geste impératif à don Manoël, qui, armé de la bêche, s'élançait vers l'hôtellerie. Il s'arrête et dépose la bêche contre le banc.)

DUO.

DON MANOEL, avec douceur.

Ouvrez, gentille châtelaine,
Je ne veux que vous admirer,
Et sans crainte, dans ce domaine
Vous pouvez me laisser entrer.
Ouvrez, ouvrez... je puis entrer!...

MOSQUITA, de la terrasse.

Beau voyageur et noble sire,
En ces lieux on ne laisse entrer
Que de bons sujets... C'est vous dire
Que vous n'y pouvez pénétrer.
Non, non, vous ne pouvez entrer

DON MANOEL, à part.

Sachons modérer ma colère.
(Haut.)
Il faut pourtant, c'est nécessaire,
Qu'à l'instant je te parle... à toi

MOSQUITA.

A moi, monseigneur? et pourquoi?

DON MANOEL.

Tu te prétends sorcière?

MOSQUITA.

Oh! très-peu... je le jure,
Ne le savez-vous pas?

DON MANOEL, à part.

Que trop!...
(Haut.)
J'ai le dessein
De connaître mon sort!

MOSQUITA, gaiement.

Votre bonne aventure?...
Très-volontiers!...

DON MANOEL, lui montrant sa main gauche avec un doigt de l'autre main.

Alors... et pour lire en ma main...

Ensemble.

DON MANOEL.

Ouvrez, gentille châtelaine,
Je ne veux que vous admirer,
Et sans crainte, dans ce domaine
Vous pouvez me laisser entrer!

MOSQUITA.

Non, non, vraiment, la châtelaine
Ici ne laisse pénétrer
Que des bons sujets... et sans peine
Vous voyez qu'on ne peut entrer.
Non, non, vous ne pouvez entrer!

Rien que sur les traits du visage
Je lis sans peine l'avenir.

DON MANOEL, s'approchant de la terrasse.

Qu'y vois-tu?

MOSQUITA.

J'y vois le présage
D'un grand nom que l'on va flétrir!

DON MANOEL, avec colère.

Mosquita!

MOSQUITA, continuant de même.

J'y vois qu'un orgueil légitime
A vos beaux jours était promis,
Et que, sans gloire et sans estime,
Ils vont finir dans le mépris!

DON MANOEL, avec plus de force.

Mosquita!

MOSQUITA, de même.

J'y vois encore, et c'est dommage,
Que vous pourriez... sans peine être parfait.

DON MANOEL, avec ironie et colère.

Vraiment! j'aurais cet avantage?
Et comment?

MOSQUITA.

Rien qu'en changeant tout à fait.

DON MANOEL, la menaçant.

Mosquita!...

Ensemble.

DON MANOEL, furieux.

O mortelle injure
Qu'à peine j'endure!
Nouvelle blessure,
Qui froisse mon cœur!
O rage impuissante!
Sa beauté piquante,
Son œil qui me tente,
Doublent ma fureur!

MOSQUITA, riant.

Rien qu'à sa figure,
D'ici, je l'augure,
La bonne aventure
Séduit peu son cœur !
Colère impuissante
Qui, d'ici, m'enchante,
Et sans épouvante
Je vois sa fureur !

(Don Manoël fait mine de vouloir escalader la terrasse, Mosquita se rejette vivement en arrière, prête à rentrer dans la maison et à fermer la porte qui donne sur la terrasse.)

DON MANOEL, s'arrêtant et suppliant.

Mosquita ! plus qu'un mot, et je m'éloigne.

MOSQUITA, revenant sur la terrasse.

Monseigneur change son système d'attaque.

DON MANOEL.

Ce sera ce que tu voudras, de la colère... du délire... mais dussé-je en mourir de honte... je te le dis, à toi... à toi seule... je crois que je t'aime !

MOSQUITA.

Vraiment ? Amour glorieux et flatteur... mais enfin, soit ! supposons qu'il soit vrai !...

DON MANOEL.

Et quelle preuve en veux-tu ?... de l'or, des bijoux ?

MOSQUITA.

Non.

DON MANOEL.

Tout ce que je possède ?

MOSQUITA.

Non.

DON MANOEL.

Que te faut-il donc ?

MOSQUITA.

Une seule chose !... me plaire !

DON MANOEL.

Laisse-moi parvenir jusqu'à toi... et je t'expliquerai...

MOSQUITA.

Non !

DON MANOEL.

C'est vrai, j'ai refusé hier de te laisser sortir...

MOSQUITA.

Et moi, je refuse aujourd'hui de vous laisser entrer... c'est juste !

DON MANOEL.

Ah ! tu ne sais pas ce que c'est que d'aimer !

MOSQUITA.

Moi !... qui vous l'a dit ?

DON MANOEL, avec jalousie.

Tu le sais ?

MOSQUITA.

Une sorcière... sait tout ! et pour être gitana on n'est pas insensible.

DON MANOEL, avec colère.

Ah ! s'il était vrai !... toi et celui que tu aimes... je vous tuerais tous les deux !

MOSQUITA, froidement.

Ah ! vous êtes jaloux ?... voilà qui va vous reculer encore... dans mon estime !...

DON MANOEL.

Tu es là... enfermée avec lui, et si tu ne m'ouvres pas cette porte !...

(Il saisit la bêche.)

MOSQUITA, d'un air gracieux.

Vous avez une manière de demander si aimable... qu'on

désirerait accorder... Mais vrai... je ne le puis, je suis ici prisonnière...

DON MANOEL.

Quel bonheur ! je vais te délivrer !...

MOSQUITA, effrayée.

Je vous le défends !... (Gaiement.) Et puis vous savez bien que quand je veux... je n'ai besoin pour cela de personne ?...
(Elle disparaît. Don Manoël frappe à coups redoublés contre la porte qu'il veut enfoncer.)

SCÈNE IX.

DON MANOEL, CARASCO, MORELLOS, et LES COMPAGNONS
de don Manoël accourant.

LE CHOEUR.

Quels éclats, quel tapage
Ont au loin retenti ?
Est-ce toi qu'on outrage ?
Nous voici, nous voici !

DON MANOEL, venant au-devant d'eux.

Mes amis, celle qui m'offense
Va subir ici ma vengeance ;
Je tiens enfin la Mosquita.

(Mouvement de joie parmi les compagnons de don Manoël. Morellos court à la porte de la posada et la secoue jusqu'à ce qu'elle éclate et tombe.)

La porte cède. A moi la Gitana !

(A Carasco.)

Va la chercher. Amène-la.

LE CHOEUR.

Victoire ! victoire ! victoire !
L'amour, qui combat pour nous,
La soumet pour notre gloire
Et l'amène à nos genoux !
Victoire ! victoire ! victoire !

CARASCO, paraissant sur la terrasse.

Monseigneur!

DON MANOEL.

Qu'est-ce donc?

CARASCO.

J'ai tiré les verrous...
Deux bons verrous, et n'ai trouvé personne!

TOUS, stupéfaits.

Personne!

CARASCO.

Je n'ai rien vu.

TOUS.

Rien!

CARASCO, à don Manoël.

Si ce n'est pour vous,
Sur une table, un petit billet...

TOUS.

Donne!

DON MANOEL, réfléchissant.

Impossible!... et je vais, par moi-même, d'abord...
(Carasco essaie vainement d'ouvrir la persienne de la terrasse qui s'est refermée sur lui.)
Qu'est-ce encore?

CARASCO.

Sur moi, l'on a fermé la porte,
Et je suis maintenant en prison!

DON MANOEL, furieux.

C'est trop fort!

MORELLOS, regardant vers le fond à droite.

Tenez! c'est Mosquita, qu'un beau cheval emporte!
D'ici la voyez-vous?

DON MANOEL.

O ciel!... c'est mon cheval
Qu'elle a pris!... O génie infernal!

LE CHOEUR, à mi-voix et baissant la tête d'un air honteux.
  Victoire! victoire! victoire!
  Tout à l'heure disions-nous?
  Notre honte fait sa gloire,
  Et trop tôt nous chantions tous:
  Victoire! victoire! victoire!
(Un des compagnons de don Manoël est entré dans l'hôtellerie; il a ouvert la persienne pour délivrer Carasco qui apporte un billet à don Manoël.)

DON MANOEL.

Cette lettre... voyons! (Il lit.) « Monseigneur, je ne vous « croyais pas capable des bons sentiments que vous m'avez « témoignés. Ils m'ont changée à votre égard!... vous « m'étiez odieux, vous ne m'êtes plus qu'indifférent!... » (S'interrompant.) Par exemple! (Lisant.) « Et si vous continuez « ainsi pendant une année seulement, si vous avez le cou- « rage de renoncer à vos amis et à leurs mauvais con- « seils... » (S'interrompant.) Messieurs... (Continuant.) « Si vous « voulez ne plus tromper personne et vivre enfin en vrai « gentilhomme, vous pourrez acquérir des droits à l'estime « et à l'amitié de Mosquita la sorcière! »

AIR.

Mosquita! Mosquita! l'affront qui m'humilie,
Tu le paîras un jour, fût-ce au prix de ta vie!
Mais ce n'est rien encore!... Écoutez mon serment...
Je n'étais jusqu'ici que trop bon, trop clément!
  A présent... à présent...

  Sans remords, sans entrave,
    Séducteur
    Et trompeur,
  Je défie et je brave
    Les douleurs
    Et les pleurs!
  Ou duchesse,
  Ou princesse,
  Sous vos riches lambris,

Bergerette
Ou grisette,
En votre humble logis...
Que tout tombe
Et succombe
A la fois sous nos coups !
Jurons tous !
Oui, gloire aux infidèles !
Trompons toutes les belles !
Que mon affront par elles
Soit un jour expié !

TOUS.

C'est dit... c'est dit... point de pitié !
Oui, gloire aux infidèles !
Trompons toutes les belles !
Que notre affront par elles
Soit un jour expié !

(Après ce chœur, les amis de don Manoël se partagent en différents groupes. Quelques-uns s'asseyent sur le banc, d'autres sur la pente de la montagne.)

SCÈNE X.

LES MÊMES, GALLARDO, accompagné de SERVITEURS INDIENS portant sur leur dos des hottes chargées de provisions.

DON MANOEL, l'apercevant.

Qui vient là, déjà ?... Est-ce quelque frère, quelque fiancé, quelque mari de ce village ?... Commençons par lui !

CARASCO, bas à don Manoël.

Ah ! monseigneur... sans le connaître ?

DON MANOEL.

C'est égal !

GALLARDO, entrant.

Oh ! oh ! voici une nombreuse compagnie !

DON MANOEL.

A qui avons-nous l'honneur de parler?

GALLARDO.

A Géronimo Gallardo de la Fuente, premier magistrat et hôtelier de ce village!...

DON MANOEL.

Marié, sans doute?

GALLARDO.

Non, messeigneurs... je suis garçon!

DON MANOEL, à ses amis, avec dépit.

Décidément nous avons aujourd'hui du malheur! (A Gallardo.) N'importe, seigneur hôtelier, nous mourons de faim. (Bas à Carasco.) Cela m'est revenu...

CARASCO, de même.

Moi... cela m'est resté!

GALLARDO.

Ah! ah! vous avez faim... j'en suis fâché... mais il m'est impossible de vous accommoder un seul des nombreux perdreaux ou lapereaux (Montrant le panier.) ci-inclus.

DON MANOEL.

Et pourquoi?

GALLARDO.

Parce qu'ils sont retenus pour une noce!

DON MANOEL, vivement.

Une noce!

GALLARDO.

Et mieux encore... payés d'avance par le futur... le jeune Péblo Zatécas, que nous attendons... et que nous n'avons jamais vu.

DON MANOEL, souriant.

En vérité? Et tu dis que le repas sera bon?

11.

GALLARDO.

Je m'en vante!

DON MANOEL.

Et que la future est jolie?...

GALLARDO.

Charmante!

DON MANOEL, riant haut.

Ah! ah! mes amis, l'aventure est délicieuse!
(Tous les compagnons de Manoël se lèvent et se rapprochent.)

GALLARDO.

Qu'a-t-il donc?

DON MANOEL.

Ce bon Gallardo!... l'hôtelier et le premier magistrat du village... ne devine pas... que celui qui lui serre la main est Péblo Zatécas... le futur...

GALLARDO, riant.

Comment, c'est vous?...

DON MANOEL, de même.

Tu ne me reconnais pas?

GALLARDO.

Dame! ne vous ayant jamais vu, comme je vous disais...

DON MANOEL, à part.

Bravo! (Montrant ses compagnons.) Et voici mes cousins... mes témoins... toute ma famille...

GALLARDO.

Je l'aurais deviné... il y a un air de ressemblance!...

CARASCO, à part.

Oui, tous mauvais sujets!...

DON MANOEL.

Et la future, où est-elle?

GALLARDO.

Ainsi que sa tante, et toutes les jeunes filles, à la chapelle de Notre-Dame de Guadalupe... (Riant.) Vous savez?... de peur qu'il n'arrive malheur au futur.

DON MANOEL, froidement.

C'est bien vu! (Élevant la voix.) Mais d'ici à leur retour, si nous prenions un à-compte sur le repas de noce?... car nous avons une faim de voyageur.

GALLARDO.

A vos ordres... tout est payé d'avance! et je vais me dépêcher...

(Il fait un pas vers l'hôtellerie.)

DON MANOEL.

Un instant... je n'ai pas payé pour qu'on se dépêchât... c'est plus cher!

GALLARDO.

Pour moi, surtout, qui n'en ai pas l'habitude...

DON MANOEL, lui donnant quelques pièces d'or.

Et voilà...

GALLARDO.

Des pièces d'or! c'est un généreux fiancé... avec des manières pareilles, aucune porte ne lui sera fermée!... (Remontant.) Ah! mon Dieu! la mienne qui est ouverte!

DON MANOEL.

Comme tu le disais... c'est moi!

GALLARDO.

Vous?

DON MANOEL.

Qui ai frappé tout à l'heure... et comme l'hôtelière, qui était là, n'ouvrait pas...

GALLARDO.

Mosquita!

DON MANOEL.

Et pour de bonnes raisons... elle était partie!...

GALLARDO.

Partie !... moi qui l'avais arrêtée...

DON MANOEL.

C'était toi ?... brave garçon !... Tiens ! voilà pour ta peine !...

(Il lui donne de l'or.)

GALLARDO.

Encore !... et pourquoi cela ?...

DON MANOEL.

Pourquoi ?... (Se reprenant.) Pour que tu te dépêches... Fais-nous dîner !...

GALLARDO.

A l'instant ! (A part.) Voilà un gaillard qui a un riche appétit !... (Entrant dans son auberge et se faisant suivre par les porteurs de provisions.) Vite ! vite ! tout le monde à la broche !

SCÈNE XI.

Les mêmes ; excepté Gallardo.

DON MANOEL.

Vivat, mes amis ! à nous le repas de noce... à nous la fiancée !...

CARASCO, à mi-voix d'un ton de reproche.

Ah ! monseigneur... monseigneur... qu'allez-vous faire là ?

DON MANOEL.

J'ai juré de me venger... et je me venge !

CARASCO.

Mais prendre la fiancée d'un autre ?...

DON MANOEL.

Et son dîner ?... cela ne te choque pas ?...

CARASCO.

Cela me choque moins...

DON MANOEL.

Parce que tu en prends ta part. Allons, avant que n'arrive le seigneur Péblo Zatécas... qu'on attend de Santiago...

(Il reprend son manteau.)

MORELLOS.

Nous allons mettre le couvert ici...

CARASCO.

Je vais vous y aider!...

(Il entre dans l'hôtellerie avec quelques-uns des seigneurs.)

DON MANOEL, à Morellos et à ses amis qui sont restés.

Eh! mais regardez donc!... qui vient là? Un jeune homme le bouquet au côté... Serait-ce le futur?

MORELLOS.

Observons!

DON MANOEL.

Là, derrière ces arbres.

(Ils se cachent près de la ferme.)

SCÈNE XII.

Les mêmes; PÉBLO.

FINALE.

PÉBLO, entre et regarde avec émotion la demeure de Bénita, après avoir jeté son manteau sur le banc.

Jour de l'hyménée!
Douce matinée!
Heure fortunée,
Tu luis à mes yeux!
Mon bonheur commence,
Vers lui je m'élance,
Rempli d'espérance,
Le cœur radieux!

Enfin tu vas donc connaître
Ton époux, ma Bénita!

Cet époux que tu crains peut-être,
C'est l'étranger qui te sauva...
Oui, c'est moi, me voilà !...

DON MANOEL et MORELLOS, l'épiant derrière les arbres.

C'est bien lui, le voilà.

PÉBLO.

Jour de l'hyménée ! etc.

(Les amis de Manoël qui étaient entrés dans l'hôtellerie reparoissent. Morellos, du geste, leur recommande le silence, s'approche d'eux et leur annonce tout bas l'arrivée du futur. Péblo va pour reprendre son manteau sur le banc et se trouve en face de Manoël qui le salue.)

DON MANOEL.

N'êtes-vous pas Péblo?

PÉBLO, étonné.

Seigneur, oui, c'est moi-même.

DON MANOEL.

Qui venez unir vos destins
A ceux de Bénita?

PÉBLO.

Que j'aime.

DON MANOEL, montrant ses compagnons qui, sans bruit, sont venus entourer Péblo.

Eh bien ! nous sommes ses cousins !

(Tous le saluent.)

PÉBLO, avec joie.

Ses cousins !

C'est charmant !

DON MANOEL.

N'est-ce pas, mon cousin?... Cher cousin !
Donnez-moi donc la main !

PÉBLO.

Je dois voir avant tout la tante Dolorès...

DON MANOEL.

Avec votre future, elle est à la chapelle
En prière !...

PÉBLO.

Vraiment! c'est que j'avais pour elle
Des lettres de mon père... et d'abord je voudrais
Les lui remettre!...

DON MANOEL, touchant la poche de son habit.

Elles sont là?

PÉBLO.

Sans doute!

DON MANOEL, gaiement.

Eh bien! plus tard, on les lui remettra!

(Carasco sort de l'hôtellerie; il a autour du corps un tablier de cuisine et porte un grand panier de vin.)

CARASCO, à don Manoël.

Pendant que l'hôtelier, au feu de la cuisine,
Surveille avec ardeur la broche et les fourneaux,
J'ai, d'un œil attentif, visité ses caveaux!...

(Montrant la table qui vient d'être apportée au fond.)

Tout est prêt!

DON MANOEL.

Allons, il faut qu'on dîne!

(A Péblo.)

Et par nous, mon cousin, vous êtes convié!

CARASCO, stupéfait.

Son cousin?

DON MANOEL.

C'est Péblo! Péblo, le marié!

CARASCO, effrayé.

Juste ciel!

DON MANOEL, sévèrement.

Qu'as-tu donc? et d'où vient cette mine?

(Plusieurs seigneurs s'avancent à gauche sur Carasco pour lui faire signe, avec menaces, de garder le silence. Les autres seigneurs se réunissent à droite autour de Péblo. On descend entre ces deux groupes la table jusqu'à l'avant-scène, on place vivement des siéges tout autour, et au pied de la terrasse, un banc apporté de l'hôtellerie.)

(A Carasco.)

Allons! sers-nous à table et presse le festin.

(A ses amis.)

Et nous, de la gaîté, des chansons et du vin!

(Il invite Péblo à s'asseoir à l'extrême gauche, à côté de Morellos; quelques seigneurs prennent place à table, les autres s'asseyent sur les bancs au pied de la terrasse et du côté de la ferme : le reste se groupe autour du tonneau que l'on a avancé pour y placer une volaille et des bouteilles. Les seigneurs, qui ne sont pas à la table, prennent leurs verres dans des paniers apportés par les serviteurs de la posada.)

(Assis à table, à droite.)

Mes amis, buvons! que le vin pétille!
 Que dans nos yeux brille
 Le feu du désir!
Mêlons, en riant des frondeurs sévères,
 Au choc de nos verres
 Nos chants de plaisir!
 Versons dans notre âme,
 Oui, versons toujours,
 L'enivrante flamme
 Du vin et des amours!
 Buvons, buvons sans cesse,
 Buvons jusqu'à l'ivresse!

TOUS.

Buvons, buvons toujours!

DON MANOEL, se levant le verre à la main.

 O liqueur ardente!
 Mousse pétillante!
 Source jaillissante
 De joie et d'amour!
 Ta vapeur légère
 Emplira, j'espère,
 Et mon dernier verre,
 Et mon dernier jour!

PÉBLO, à Morellos qui lui a déjà versé à boire plusieurs fois et qui avance de nouveau la bouteille.

Assez, assez, cousin, le moindre vin me frappe.

TOUS, avec joie.

Vraiment! vraiment!

PÉBLO.

Oui, je n'en bois jamais!

DON MANOEL.

Mais dans un jour de noce on peut faire un excès...
(A voix basse, à Carasco.)
Et j'espère bientôt l'envoyer sous la nappe.
(A haute voix, et levant son verre.)
A la future!

PÉBLO, vivement.

Oh oui!... pour elle j'y consens!

DON MANOEL.

A ses attraits!

PÉBLO.

Ah! nous boirons longtemps!

DON MANOEL.

Vous les connaissez donc?

PÉBLO, un peu gris et causant facilement.

Sans qu'elle me connaisse;
Car j'ai sauvé ses jours sans lui dire mon nom,
Et mon père, voyant pour elle ma tendresse,
Demanda par écrit sa main...
(S'arrêtant.)
Mais c'est trop long
A vous expliquer...

DON MANOEL.

Non! c'est presque
Une aventure romanesque!
(Levant son verre.)
Je bois à ce roman charmant!

MORELLOS et D'AUTRES SEIGNEURS, levant leurs verres.

A Péblo comme époux!

DON MANOEL.

A Péblo comme amant!

PÉBLO.
Grand merci, mes amis! grand merci! c'est charmant.

TOUS.
Mes amis, buvons! que le vin pétille! etc.

MORELLOS.
Je bois à Bénita!

PÉBLO, commençant à perdre la raison, trinquant et buvant à chaque toast.
C'est fort judicieux.
Elle est si gentille et si fraîche!

DON MANOEL.
Je bois à ses couleurs!

PÉBLO, de même.
C'est la rose et la pêche!

MORELLOS.
Pour moi je bois à ses beaux yeux!

PÉBLO, de même.
Vous avez bien raison!... ils sont si gracieux!

DON MANOEL.
A sa taille!

PÉBLO, de même en trinquant toujours.
Elle est ravissante!

DON MANOEL, à part.
Décidément elle est charmante!
Alors! alors,
Pour célébrer tant de trésors!...

TOUS.
Mes amis, buvons! que le vin pétille! etc.

(Péblo debout, complètement grisé, chancelle et tombe dans les bras des convives qui se trouvaient sur le banc à gauche, et qui se sont levés pour trinquer avec lui. Au moment où tombe Péblo, tous les convives de la table se lèvent pour le regarder. On couche Péblo sur le banc.)

DON MANOEL.
Sa tête sur son sein déjà se penche et tombe;

C'en est fait!... à l'ivresse, au sommeil il succombe.
A l'instant, mes amis, en secret et sans bruit,
Que dans quelque grenier il soit par vous conduit,
Que toute la journée en paix il y sommeille...
Nous autres à la noce irons tantôt pour lui!

CARASCO.

O ciel!

DON MANOEL, à Carasco.

Garde-le bien! s'il s'évade ou s'éveille...
C'est toi qui m'en réponds ici!

(Péblo avec le banc a été emporté dans la ferme, tous les convives sont en avant de la table que les serviteurs reculent de quelques pas.)

GALLARDO, paraissant sur la terrasse, un tablier blanc autour du corps, une bouteille et un verre à la main.

Vive Péblo le marié!

DON MANOEL, se tournant vers la terrasse, ainsi que tous ses compagnons.

Merci!

(Ils reprennent tous leurs verres et chantent avec l'animation de l'orgie. Carasco, excité lui-même, monte sur le banc et trinque avec Gallardo sur la terrasse.)

TOUS.

Mes amis, buvons! que le vin pétille!
Que dans nos yeux brille
Le feu du désir!
Mêlons, en riant des frondeurs sévères,
Au choc de nos verres
Nos chants de plaisir!
Versons dans notre âme,
Oui, versons toujours,
L'envirante flamme
Du vin et des amours!
O liqueur ardente!
Mousse pétillante!
Source jaillissante
De joie et d'amour!
Ta vapeur légère

Emplira, j'espère,
Et mon dernier verre,
Et mon dernier jour !

(A la fin du chœur tous les convives se groupent autour de la table en élevant leurs verres.)

ACTE DEUXIÈME

Une cour intérieure de la ferme. A gauche l'habitation. A droite, un hangar formé d'une cloison de bambous et dont l'entrée, faisant face à l'habitation, est masquée par un rideau de natte. Du côté du public le hangar est ouvert. Au fond, des rochers avec un sentier tournant praticable.

SCÈNE PREMIÈRE.

BÉNITA, seule, assise sur une chaise et regardant tristement son bouquet de mariée, qu'elle tient à la main.

Bouquet de mariée,
Je ne puis te voir sans gémir!
(Se levant.)
Tu me dis que je dois, par le devoir liée,
De celui que j'aimais bannir
Le souvenir !
(Elle laisse tomber son bouquet sur la chaise.)

ROMANCE.
Premier couplet.

Mon ami que j'aime tant,
Vainement mon cœur l'attend!
Son langage était si tendre,
Il me semble encor l'entendre!
Mais, hélas! quel ennui!
L'époux qu'il faut prendre,
Mon mari, quel ennui!

Ce n'est pas lui!
Non, ce n'est pas lui!

Deuxième couplet.

A sa voix, à ses doux yeux,
Surtout après ses aveux,
Je m'étais accoutumée,
Tout en lui m'avait charmée!
Mais, hélas! quel ennui!
Quand j'étais aimée!
Mon mari, quel ennui!
Ce n'est pas lui!
Non, ce n'est pas lui!

Ah! mon Dieu, le voici!... et moi qui pensais encore à l'autre!

(Elle court reprendre son bouquet et le met vivement à son corsage.)

SCÈNE II.

BÉNITA, DON MANOEL, le bouquet au côté, sortant de la ferme et donnant le bras à DOLORÈS.

DOLORÈS.

Que je le regarde encore; c'est tout le portrait de son père!

DON MANOEL, après s'être détourné pour rire.

Oui, ma chère tante!

DOLORÈS.

Bisocho Zatécas, dont la lettre est charmante.

DON MANOEL.

Je vous l'ai remise, comme il me l'avait recommandé.

DOLORÈS.

Et en la lisant, je me rappelais ses anciennes déclarations... car il m'en faisait.

DON MANOEL, galamment.

Ah! je vois bien que je suis le fils de mon père... Oui

franchement, si je n'étais épris de la nièce, je le serais de la tante.

DOLORÈS.

Eh bien! voilà que ça commence... En me disant la bonne aventure ce matin, Mosquita m'avait bien prédit que les amoureux...

DON MANOEL, vivement.

Mosquita! (A part.) Encore elle!... Il semble que tout le monde fasse exprès de m'en parler... et plus je m'efforce de n'y pas penser...

DOLORÈS.

Qu'est-ce que c'est, mon beau neveu?... et d'où vient ce sombre nuage?

DON MANOEL.

Il est bien naturel; on est fiancé ou on ne l'est pas.

DOLORÈS.

C'est juste!

DON MANOEL.

Et pendant que mes parents, amis et témoins en content à toutes les filles du village, car ils ne s'en font pas faute, les gaillards...

DOLORÈS.

Famille très aimable!

DON MANOEL.

C'est dans le sang!... moi, je n'ai pas encore pu parler à ma future.

BÉNITA, à part.

Ah! mon Dieu!

DOLORÈS.

C'est vrai.

DON MANOEL.

Et vous, señora, qui êtes tante, mais qui êtes femme, vous

devez comprendre qu'il y a un moment où le tête-à-tête est de rigueur.

BÉNITA, effrayée.

Ma tante!

DOLORÈS, d'un ton maternel.

Allons, ma nièce, allons, pas d'enfantillage!... J'espère que vous serez raisonnable... Le señor Péblo est votre fiancé, et vous pouvez vous en rapporter à moi... il est très-bien, ce jeune homme, très-bien; regardez-le plutôt!

BÉNITA, levant les yeux, qu'elle baisse sur-le-champ.

Je crois que oui!

DOLORÈS.

Un ton excellent.

BÉNITA.

Je ne dis pas non.

DOLORÈS.

Eh bien! que dites-vous donc?

BÉNITA.

Je dis... (A part, avec un soupir.) que ce n'est pas lui!

DOLORÈS.

Je vous laisse, mon neveu, je vous laisse.

BÉNITA, voulant la suivre.

Ma tante!

(Don Manoël la retient avec un geste de tendre supplication. Dolorès rentre dans la ferme.)

SCÈNE III.

DON MANOEL, BÉNITA.

DUO.

DON MANOEL, prenant la main de Bénita.

Enfin nous sommes seuls, et nous pouvons causer.
Laissez-moi votre main... pouvez-vous refuser?

(Bénita se dégage et s'éloigne de lui.)

D'où vient cette frayeur secrète?
Près de moi pourquoi tressaillir?
Votre cœur tremble et s'inquiète,
Quand le mien frémit de plaisir.

(Bénita lui fait un geste de supplication.)

Que votre âme ingénue
Soit ici moins émue,
Près d'un amant... près d'un mari!

BÉNITA, à part.

Mon mari... mon mari!
Hélas! ce n'est pas lui!

Adieu, bonheur que je regrette,
Rêves d'amour que j'ai dû fuir!
Un vague effroi, terreur secrète,
En ce moment vient me saisir.

DON MANOEL.

Près de moi pourquoi tressaillir?

(Il veut serrer contre son cœur Bénita qui lui échappe, il la retient par la main.)

Bénita, de la confiance,
Et parlez avec assurance;
On doit tout dire à son mari.

BÉNITA.

Quoi! tout lui dire?

DON MANOEL.

Eh! mon Dieu! oui.

BÉNITA.

On doit tout lui faire connaître?

DON MANOEL.

Oui, tout.

BÉNITA, baissant les yeux.

Je n'ose pas, seigneur,

DON MANOEL, à part.

Moi qui croyais ravir son cœur,

A son trouble je crains de n'être,
Hélas ! que le second voleur.

Ensemble.

DON MANOEL.

Si pourtant ce mariage
N'était pas un badinage
Quel destin j'allais avoir !
Le bonheur, c'est l'ignorance,
Et je crains la confidence
Qu'elle me fait entrevoir.
Oui, je crains dans sa franchise
Que ma femme ne m'en dise
Plus que je n'en dois savoir,
Ah ! je tremble de savoir !

BÉNITA, à part.

Il doit voir à mon visage,
A mon trouble, à mon langage,
Quel était mon seul espoir.
Quand je me tais, par prudence,
D'une entière confidence
Pourquoi me faire un devoir ?
Il faut donc que je lui dise
Mon secret avec franchise.
Un mari veut tout savoir !

DON MANOEL.

Ah ! calmez mon impatience !
Et rompez enfin ce silence ;
On doit tout dire à son mari.

BÉNITA.

Eh bien ! soyez obéi :
Il était certain jeune homme...

DON MANOEL.

Ah ! ah !

BÉNITA.

Je ne sais comme il se nomme...
C'est un jeune homme qui...

DON MANOEL.
Qui?

BÉNITA, baissant les yeux.
Qui...

DON MANOEL, l'encourageant.
On doit tout dire à son mari !

BÉNITA.
Ne vous fâchez pas d'avance...

DON MANOEL, souriant.
Il eut... votre bienveillance?

BÉNITA.
Hélas ! je ne l'ai vu qu'un jour...
Il semblait me faire la cour !

DON MANOEL.
Et puis?...

BÉNITA.
Ses yeux disaient : Je t'aime !

DON MANOEL.
Et puis?...

BÉNITA.
Il le disait lui-même !

DON MANOEL.
Et puis?...

BÉNITA.
Il me serrait la main !

DON MANOEL.
Et puis?...

BÉNITA.
Je n'ose pas le dire
Mais je crois qu'un baiser... un seul !...

DON MANOEL.
Ah ! je respire !

BÉNITA.
Le lendemain...

DON MANOEL, effrayé.
Hein? quoi, le lendemain?...

BÉNITA.
Il ne vint plus... je l'attendis en vain!...

Ensemble.

DON MANOEL, à part.
Si pourtant ce mariage, etc.

BÉNITA, à part.
Il doit voir, à mon visage, etc.

BÉNITA.
Vous savez tout maintenant
Et vous devez être content.

DON MANOEL, lui prenant la main.
Je suis content,
Oui, très-content.

(Il embrasse Bénita qui, à la voix de Carasco, pousse un cri et se sauve dans la ferme.)

SCÈNE IV.

DON MANOEL, CARASCO.

CARASCO, entrant vivement.
Monseigneur!... monseigneur!...

DON MANOEL, avec impatience.
Qu'y a-t-il donc pour venir me déranger ainsi?

CARASCO, d'un air effrayé.
Il faut que je vous parle... à vous!

DON MANOEL.
Est-ce que notre prisonnier se serait échappé?

CARASCO.

Non... monseigneur... il est dans le même grenier... les mêmes trois étages... il dort... bien tranquille... et plût au ciel que vous fissiez comme lui... cela me sauverait de l'horrible cauchemar où je suis...

DON MANOEL.

Eh! qui t'empêche d'être comme nous... à la noce?

CARASCO.

Nous n'y sommes que trop!... et c'est justement ce qui me fait trembler!... La tante Dolorès qui vous adore... dispose tout pour votre union.

DON MANOEL.

Eh bien?

CARASCO.

Un vrai mariage...

DON MANOEL.

Eh bien?

CARASCO.

Un vrai curé!

DON MANOEL.

Rien n'est beau que le vrai.

CARASCO.

Et que dira votre père qui vous a confié à moi, si vous, don Manoël, marquis de Jaral... vous osez former une union?...

DON MANOEL.

Qui n'a rien de valable!... contractée sous un nom supposé, elle sera nulle demain... mais, aujourd'hui... en attendant!...

CARASCO.

Ah! c'est abominable, monseigneur!... Et par saint Nicodème, mon patron! don Juan, le vôtre, n'a jamais rien rêvé d'aussi diabolique!

DON MANOEL.

Raison de plus!... Mosquita verra le cas que nous faisons de ses sermons!

CARASCO.

Il ne s'agit pas de Mosquita, mais de l'Inquisition, monseigneur, qui ne plaisante pas sur ce chapitre!... mais de votre père, monseigneur, qui n'attend qu'un prétexte pour me faire pendre...

DON MANOEL.

Je ferai casser l'arrêt!

CARASCO.

Et s'il est exécuté?

DON MANOEL.

Que de chicanes, morbleu! Tu trouves des difficultés à tout.

CARASCO.

Et vous n'en trouvez à rien... Aussi, à moins que vous ne me donniez une attestation en bonne forme, qui prouve que ce mariage s'est fait contre mon gré...

DON MANOEL.

Je te signerai tout ce que tu voudras, mais tais-toi!... l'on vient!...

SCÈNE V.

DOLORÈS, GALLARDO, DON MANOEL, CARASCO.

DOLORÈS, entrant en causant avec Gallardo.

Qu'est-ce que vous m'apprenez là, mon voisin?

GALLARDO.

La nouvelle est officielle.

CARASCO.

Qu'est-ce que c'est?

GALLARDO, à mi-voix.

L'enragé don Manoël, le fils du vice-roi, rôde dans ce canton.

CARASCO.

Ah! mon Dieu!

DON MANOEL, riant.

En vérité!

GALLARDO.

Cela vous fait rire... Apprenez donc... (car vous m'avez gagné le cœur, et je ne voudrais pas qu'il vous arrivât de catastrophe); apprenez que, semblable au loup affamé, le terrible don Manoël se tient toujours aux aguets dès qu'il y a quelque part une noce... une jeune fiancée... et cette fois...

DON MANOEL, riant.

Qui vous a si bien prévenu?

GALLARDO.

Mosquita... la sorcière.

DON MANOEL, vivement.

Mosquita!... vous l'avez vue? vous savez où elle est?

GALLARDO.

Non... mais il paraît qu'en s'enfuyant, elle a jeté l'alarme dans le pays.

DON MANOEL, à part.

Toujours elle!

GALLARDO.

Alors, tous les garçons du canton se sont réunis pour une battue générale... ils sont deux cents...

CARASCO, effrayé.

Est-il possible?

GALLARDO, à don Manoël.

Et ils comptent vous offrir le commandement.

DON MANOEL.

A moi?

GALLARDO.

A vous, seigneur Péblo, qui, en qualité de marié, êtes plus intéressé qu'un autre à la destruction de...

DON MANOEL.

C'est charmant... et j'accepte!

CARASCO, avec crainte.

Et que comptez-vous faire?

DON MANOEL.

Parbleu! l'arrêter!

GALLARDO, d'un air fin.

A cause du vice-roi, son père, il faudrait peut-être le relâcher... mais comme il sera probablement caché sous quelque déguisement...

DON MANOEL.

Oui, oui, c'est probable. (A Carasco.) N'est-ce pas?

GALLARDO.

Notre intention, si on le découvre, est de l'assommer sur-le-champ.

CARASCO, à part.

O ciel!

GALLARDO.

Et nous dirons après que nous ne l'avions pas reconnu... (Riant.) C'est adroit!

DON MANOEL, riant.

Et très-drôle! ah! ah! ah!

GALLARDO.

N'est-ce pas? (Ils rient tous les quatre en se frottant les mains,

Carasco faisant comme les autres pour se donner une contenance.) Et puis, au moins, ce sera fini.

(Il remonte avec Dolorès.)

DON MANOEL.

Morbleu !

CARASCO, à demi-voix.

Quoi ! vous oseriez encore ?...

DON MANOEL.

Plus que jamais !... Que diraient mes amis, s'ils me voyaient maintenant reculer ?

CARASCO.

Quoi, monseigneur ! vous faire assommer par respect humain !...

DON MANOEL, de même.

Laisse-moi donc tranquille !... aussi bien, voilà toute la noce !

SCÈNE VI.

LES MÊMES ; TOUS LES GENS DU VILLAGE arrivant par la droite et par le sentier des rochers ; MORELLOS, et TOUS LES AMIS DE DON MANOEL sortant de la ferme ; un peu plus tard, BÉNITA.

LE CHŒUR.

Bénita la jolie
A Péblo va s'unir.
Bénita nous convie,
C'est un jour de plaisir !
A danser qu'on s'apprête,
Señoras et garçons ;
Égayons cette fête
Par nos jeux, nos chansons !

DOLORÈS qui, pendant ce chœur, a présenté don Manoël à tous ses convives.

Mes voisines et mes voisins,

Ah ! pour nous quels heureux destins !
Pour l'auguste cérémonie
Dans un instant on va partir !

CARASCO, bas à son maître.

Vous l'entendez : on va partir.

DOLORÈS, allant chercher Bénita.

Venez, ma nièce.

DON MANOEL.

Quelle est jolie !

DOLORÈS.

Bénita, pourquoi ce soupir ?

GALLARDO.

Qu'a-t-elle donc, la mariée ?
Et faut-il qu'elle soit priée
Pour nous dire quelque refrain ?
Allons ! un gai refrain.

BÉNITA, à part.

Quoi ! malgré mon chagrin !...

(Toutes les jeunes filles font un geste pour la prier de consentir. Elle cède et se met à chanter.)

CHANSON.

Premier couplet.

Il était une fillette,
Un jour,
Qui bravait, belle et coquette,
L'amour.
Les galants, sous sa fenêtre,
Chantaient,
Et sans la voir apparaître
Partaient.
Une nuit, l'un d'eux tomba,
Là,
Blessé, pâle et mort déjà !
« Ah !
« Vite, Inès, à son secours,

« Cours !
« Qu'on l'amène auprès de moi,
« Voi !
« C'est ma rigueur
« Qui cause son malheur »

Mais bientôt le mort s'éveille
  Sans bruit,
Car il se porte à merveille
  Et rit.
Puis, dehors, la sérénade
  Reprend,
Et la belle, sans bravade,
  Se rend,
Et l'écho va disant
Les baisers qu'il lui prend.

LE CHŒUR.

Ah ! vraiment,
C'est charmant.

BÉNITA.

Deuxième couplet.

Aussitôt survient l'alcade
  De nuit,
Une longue cavalcade
  Le suit.
Dans la chambre de la belle
  On va,
Pour chercher l'amant rebelle
  Par là.
Dague au poing, l'amant paraît
  Prêt :
« Meurs, félon !... ou dis ton nom.
« — Non. »
Lors la belle, à son serment
  Ment :
« Tiens-moi quitte de mon vœu,

« Dieu !
« A lui mon cœur,
« Je cède à mon vainqueur ! »
Apprenez, mesdemoiselles,
Aussi,
A ne pas être cruelles
Ainsi !
La sagesse qui nous garde
Est bien ;
La vertu qui se hasarde
N'est rien.
Oui, ceci prouve bien,
— Cet avis est le mien —
Que l'amour pour gardien
Ne vaut rien !

LE CHOEUR.

Ah ! vraiment
C'est charmant,
La chanson est jolie !

DOLORÈS.

A la ferme, je vous en prie,
Entrez vous rafraîchir.

DON MANOEL.

Non, non, il faut partir.

LE CHOEUR.

Bénita la jolie, etc.

(Pour se mettre en marche, Gallardo veut prendre la main de la mariée, don Manoël le devance. Gallardo prend alors le bras de Dolorès, et les amis de don Manoël s'emparent des jeunes filles du village.)

SCÈNE VII.

PÉBLO, arrivant en se frottant les yeux.

Où suis-je donc ? et que m'est-il arrivé ?... par quel hasard me suis-je trouvé... tout seul... dans ce grenier, endormi sur des bottes de foin, où je serais encore... si, au risque de me casser le cou, je n'avais pas descendu ces trois étages à l'aide d'une poulie et d'une corde... Ah çà, voyons donc un peu... il me semble cependant que j'étais parti, ce matin, pour me marier... Eh ! oui...

(Avec joie.)

COUPLETS.

Premier couplet.

Pour tenter une douce épreuve,
Ce matin, entre huit et neuf,
Comme époux, je partais... La preuve,
C'est que voilà mon habit neuf...
Eh ! oui... c'est bien mon habit neuf !

(Le regardant d'un air enchanté.)

C'est bien lui !... c'est mon habit neuf !

(S'arrêtant avec surprise et d'un air interdit.)

Il est vrai qu'à ma boutonnière
Je ne trouve plus mon bouquet !

(Cherchant à rappeler ses souvenirs.)

Je crois, en fermant la paupière,
L'avoir perdu !

(Vivement.)

Mais, en effet,
Pendant mon sommeil j'ai rêvé
Qu'un autre, hélas ! l'avait trouvé !

(Secouant la tête avec un soupir.)

Ah ! ah ! toujours, nous disait ma grand'mère,
« Le bien vient en dormant... » et moi,
Moi... je ne sais pourquoi,
Je crains le contraire !...
De peur de s'en repentir,
Jamais un mari ne doit s'endormir.

Deuxième couplet.

(Reprenant avec gaieté.)

Mais non, vraiment, je me rappelle
Qu'un aimable et joyeux cousin

M'avait, en l'honneur de ma belle,
Fait boire d'un excellent vin !
Ah ! quel repas !... Ah ! quel bon vin !
C'était charmant !... c'était divin !
(S'arrêtant d'un air triste et portant la main à son front.)
Il est vrai qu'après cette fête,
Il ne me reste du festin
Qu'un remords et qu'un mal de tête !...
Ma future avait fui soudain !
Et je rêvais, avec courroux,
Qu'un autre était à ses genoux !
(Secouant la tête et soupirant.)
Ah ! ah ! toujours, nous disait ma grand'mère,
« Le bien vient en dormant... » et moi,
Moi... je ne sais pourquoi,
Je crains le contraire !...
De peur de s'en repentir,
Jamais un mari ne doit s'endormir.

SCÈNE VIII.

PÉBLO, MOSQUITA, avançant avec précaution.

PÉBLO.

Ah ! voilà une femme, et bien jolie, ma foi !... Si je l'interrogeais !

MOSQUITA.

Mon gentilhomme, pourriez-vous me dire si le fils du vice-roi, don Manoël, est encore ici ?

PÉBLO.

Ah ! je suis fâché qu'une fille aussi belle que vous cherche un mauvais sujet... comme lui...

MOSQUITA.

Au contraire, je l'évite... parce que moi, je n'ai que ma parole ; et comme j'ai promis à Bénita...

PÉBLO, gaiement.

Bénita !

MOSQUITA.

De venir aujourd'hui chanter et danser à sa noce...

PÉBLO.

C'est différent!... et cela se trouve à merveille! c'est moi qui suis le futur...

MOSQUITA.

Le seigneur Péblo Zatecas!

PÉBLO.

Précisément... Je suis un peu en retard...

MOSQUITA.

En effet, le jour baisse!...

PÉBLO.

Et je crains de les avoir fait attendre.

LE CHOEUR en dehors.

A la santé du marié!

MOSQUITA, écoutant.

Il me semble que l'on ne vous a pas attendu.

PÉBLO.

Oui, il paraît qu'ils ont commencé à s'amuser sans moi... après cela, ils ont bien fait.

LE CHOEUR en dehors.

Vive Péblo! vive Péblo!

PÉBLO.

Ces braves gens!

SCÈNE IX.

Les mêmes; GALLARDO.

GALLARDO, à la cantonade.

Oui, mes amis... vive Péblo! le plus généreux, le plus aimable de tous les époux!

PÉBLO, attendri.

Un honnête homme que je ne connais même pas! (Allant à Gallardo et lui serrant la main.) Touchez là, monsieur... touchez là !

GALLARDO.

Qu'est-ce que me veut celui-là?

PÉBLO.

Vous embrasser !

GALLARDO.

Si vous êtes de la noce... très-volontiers!... d'autant plus qu'ils s'embrassent tous là-bas. (Il va pour embrasser Péblo et s'arrête en regardant par-dessus son épaule.) Qu'est-ce que je vois là?... Mosquita la sorcière !

PÉBLO, effrayé.

Une sorcière !

GALLARDO, croisant les bras avec importance.

Qui a l'audace de revenir ici !

MOSQUITA, l'imitant.

Pour t'apporter les papiers que tu lui as demandés... et que j'ai été chercher... (Lui tendant les papiers.) Lis !

GALLARDO, prenant les papiers.

C'est bon !

MOSQUITA.

Tu verras qu'ils sont parfaitement en règle.

GALLARDO.

Plus tard !

MOSQUITA.

A l'instant ! lis toi-même !

GALLARDO.

Certainement, je les lirai !... Eh! qui m'en empêcherait?... j'en suis le maître, je l'espère, et je le ferais... si j'en avais le temps... mais je ne l'ai pas... Ils sont déjà à

table, et je vais hâter le second service que l'on demande...
les entendez-vous?

PÉBLO.

Ils sont donc bien pressés!... le repas avant le mariage!...

GALLARDO, riant.

Avant le mariage?

PÉBLO.

Eh! oui, vraiment!

GALLARDO.

Je vois, mon cher, que vous arrivez...

PÉBLO.

A l'instant même.

GALLARDO.

Eh bien! un autre jour, et quand vous serez de noce... il faudra vous lever de meilleure heure... car c'est fait.

PÉBLO, stupéfait.

C'est fait!

GALLARDO, gaiement.

Nous sortons de la cérémonie.

PÉBLO.

Sans le marié!

GALLARDO, riant.

Sans le marié!... celui-là est joli... ah! par exemple!...
Adieu! adieu! vous me faites causer, et le rôti va brûler.

PÉBLO, le retenant.

Peu m'importe!... vous m'expliquerez comment...

GALLARDO.

Demandez au marié lui-même... au seigneur Péblo!

PÉBLO.

Péblo!... où cela?

GALLARDO.

Eh! parbleu! à table, à côté de la mariée.

(Il sort en courant.)

SCÈNE X.

PÉBLO, MOSQUITA.

PÉBLO, immobile.

Je ne sais si je veille encore; je serais marié sans le savoir... ou plutôt, je serais double... et un autre Péblo...

MOSQUITA.

Il y a là quelque nouvelle trahison!

(Elle va ainsi que Péblo regarder à gauche où se fait le repas.)

PÉBLO.

Eh! oui, vraiment... ils sont à table... ils boivent... ils mangent... Je vois Bénita en mariée... et à côté d'elle...

MOSQUITA, poussant un cri.

Ah! j'aurais dû le deviner!... c'est lui!

PÉBLO, de même.

C'est mon cousin!

MOSQUITA.

Votre cousin?

PÉBLO.

Celui qui, ce matin, m'a offert à déjeuner, qui m'a fait perdre la raison... et ce grenier où l'on m'a enfermé... c'est lui!...

MOSQUITA, avec indignation.

Ah! il n'y a plus rien à en attendre... il est capable de tout.

PÉBLO.

Mais je confondrai l'imposteur!... je prouverai que je suis Péblo, que je suis moi... j'ai la lettre de mon père et d'autres papiers... (Fouillant dans ses poches.) Non... je n'ai plus rien, rien!... Oh! dans ma rage...

MOSQUITA.

Qu'allez-vous faire ?

PÉBLO.

Étrangler mon cousin... en famille... ce sera toujours ça !

MOSQUITA.

Satisfaction que vous n'aurez même pas... il est entouré d'une douzaine de ses amis, aussi mauvais sujets que lui.

PÉBLO, avec rage.

Ce n'est pas possible !

MOSQUITA.

Ils sont armés... ils sont les plus forts... vous succomberiez !

PÉBLO.

Ça m'est égal !

(Il fait quelques pas pour sortir.)

MOSQUITA.

Et Bénita qu'il ne faut pas laisser en leur pouvoir...

PÉBLO, s'arrêtant.

Vous avez raison... Que faire alors?

MOSQUITA.

M'écouter!... quand Mosquita s'intéresse à quelqu'un... il est sauvé... mais à la condition d'obéir...

PÉBLO.

Parlez donc !

MOSQUITA.

Les jeunes gens du village doivent se réunir... cours les rassembler... et alors...

PÉBLO.

Je comprends... mais je ne sors pas d'ici !

MOSQUITA.

Pourquoi?... Contracté sous un faux nom, sous le tien, ce mariage est nul.

PÉBLO.

C'est égal... je reste.

MOSQUITA, avec impatience.

Pour quelles raisons?

PÉBLO.

Parce qu'ils vont quitter la table.

MOSQUITA.

Eh bien?

PÉBLO.

Parce que la nuit arrive.

MOSQUITA.

Qu'importe! ne suis-je pas là?

PÉBLO.

Cela ne suffit pas... je serai plus rassuré en me faisant tuer ici... moi-même, pour elle!

MOSQUITA, lui serrant la main.

Ah! tu es un brave garçon!...

PÉBLO.

Non... d'ordinaire, je ne suis pas brave... mais, dans ce moment, je suis trop jaloux pour avoir peur!

MOSQUITA.

Tais-toi! les voici... et par prudence du moins... attendons et écoutons.

(Elle l'entraîne sous le hangar à droite.)

SCÈNE XI.

MOSQUITA et PÉBLO, cachés; DON MANOEL, MORELLOS et ses autres AMIS entrant par la gauche; puis BÉNITA, DOLORÈS et LES JEUNES FILLES de la noce.

FINALE.

LE CHOEUR.

Ah! c'est impayable!
Oui, de par le diable!
Un exploit semblable
Doit enorgueillir!
Vivent les folies,
Les femmes jolies,
Les folles orgies,
Les nuits de plaisir!

DON MANOEL.

Ah! de leur gaîté de village
Reposons-nous, car c'est à suffoquer!

MORELLOS.

Eh quoi! tu manques de courage,
Et déjà tu veux abdiquer?

DON MANOEL.

Est-ce donc moi que l'on défie?

MORELLOS.

Au dénoûment nous jugerons!

DON MANOEL.

Contre vous tous, seul je parie!

MOSQUITA, à part.

De vice indignes fanfarons!

DON MANOEL.

Oui, oui... je l'ai juré déjà!
Sur ce sexe, à mes yeux coupable,
Ma vengeance retombera!

13.

Et si je suis impitoyable,
N'accuse que toi, Mosquita!

MORELLOS et LE CHOEUR.

Ah! c'est impayable! etc.

MORELLOS.

Silence!... car voici le moment solennel
Où l'on conduit la mariée...

(Ils remontent au-devant du cortége.)

MOSQUITA, dans le hangar, se retournant vers Péblo.

O ciel!
Que fais-tu?

PÉBLO, à demi-voix.

Le hasard ou la bonté divine
(Montrant un coin du hangar.)
Vient d'offrir à mes yeux là... cette carabine!

MOSQUITA, effrayée.

Pour qui?

PÉBLO.

Pour mon cousin, s'il ose seulement
Franchir le seuil de cet appartement!

MOSQUITA.

Si je l'en empêche autrement?...

PÉBLO.

C'est différent!... je l'aime autant.
En attendant...

(Examinant la carabine.)
Elle est chargée...

DON MANOEL.

Allons! voici la mariée!

(La nuit s'est obscurcie peu à peu. Les jeunes filles, précédant Bénita conduite par sa tante, viennent se ranger devant la ferme.)

LES JEUNES FILLES.

Suivez-nous, belle mariée!
Dans un instant viendra vers vous
L'heureux amant, l'heureux époux,

A qui le ciel vous a liée !
Suivez-nous, belle mariée !

DOLORÈS et DON MANOEL.

O doux moment !

BÉNITA, à part, isolée, tandis que Dolorès parle bas à don Manoël.

Moment fatal !
Il va venir... ô peine extrême !
Que n'est-ce, hélas ! celui que j'aime !

(Don Manoël s'approche de Bénita, Péblo dirige vers lui sa carabine.)

MOSQUITA, à demi-voix à Péblo.

Mais attends donc ! jusqu'ici point de mal !

DON MANOEL, avec impatience à Dolorès qui vient se placer entre lui et Bénita.

Que la noce par vous soit donc congédiée !

LES JEUNES FILLES.

Suivez-nous, belle mariée ! etc.

(Dolorès conduit Bénita dans la ferme où la suivent six demoiselles de la noce, les autres jeunes filles partent du côté opposé, reconduites par les amis de don Manoël; quelques-uns seulement restent auprès de lui avec Morellos.)

MOSQUITA, bas à Péblo.

Pour toi... quoi que je dise... obéis sans murmure !

DON MANOEL, à ses amis.

Eh bien ! croyez-vous donc enfin
Que je gagnerai la gageure ?

MORELLOS.

Bonsoir, seigneur Péblo !... bonsoir donc !... à demain.

(Morellos sort avec ses amis.)

SCÈNE XII.

DON MANOEL; MOSQUITA et PÉBLO, sous le hangar.

DON MANOEL.

Nuit d'amour, ton mystère
Jette au cœur le désir;

Quand tout dort sur la terre,
Là m'attend le plaisir!
(Péblo fait le geste d'apprêter sa carabine.)
Mosquita, ma colère
Semble ici te punir,
Oui, je crois te punir!
Nuit d'amour, ton mystère
Voilera le plaisir!
(Lorsque Péblo a élevé sa carabine, Mosquita la lui a prise et l'a déposée dans le hangar; elle sort ensuite et gravit le sentier des rochers. Don Manoël s'approche de la chambre de Bénita : alors du haut du rocher Mosquita fait entendre sa voix.)

MOSQUITA.

Où vas-tu, voyageur,
Pour chercher le bonheur?
Il est là,
Près de toi, le voilà!
S'il suffit de l'amour
Pour bénir chaque jour,
Ah! pourquoi
T'en aller loin de moi?

(Aux premiers sons qu'il entend, don Manoël, qui allait entrer dans la chambre de Bénita, reste immobile sur le seuil en s'écriant :)

DON MANOEL.

C'est sa voix!

(Il écoute, se rapproche des rochers et y monte. Mosquita en descend vivement par un autre sentier, à gauche, et se remet à chanter.)

MOSQUITA.

Tra la, la, la, la, la, la.

(Don Manoël revient, guidé par la voix; lorsqu'elle a cessé de chanter, Mosquita regagne le hangar, et don Manoël, croyant la saisir, abusé par la nuit, prend le bras de Dolorès qui sort de la ferme.)

SCÈNE XIII.

Les mêmes; DOLORÈS et les six Demoiselles de la noce.

DOLORÈS.

Monsieur Péblo!...

DON MANOEL.
Qu'est-ce donc maintenant?

LES JEUNES FILLES.
La mariée est là qui vous attend!...

DON MANOEL.
C'est bien! c'est bien!

LES JEUNES FILLES, lui souriant et lui faisant la révérence.
Monsieur Péblo! nous vous laissons!

DON MANOEL.
C'est bien!
Bonsoir, ma chère tante!... et vous, mesdemoiselles,
De Bénita les compagnes fidèles.

LES JEUNES FILLES, faisant la révérence.
Monsieur Péblo, bonsoir!

DON MANOEL, avec impatience.
Bonsoir!

LES JEUNES FILLES.
Monsieur Péblo, bonsoir!

DON MANOEL.
Bonsoir!

LES JEUNES FILLES.
Bonsoir!

DON MANOEL.
Bonsoir!

(Don Manoël reconduit les jeunes filles par la droite, puis Dolorès par la gauche. Dolorès, étonnée de son agitation, s'arrête au moment de sortir pour le regarder; voyant qu'il se dirige vers la chambre de Bénita, elle se rassure et part. A peine a-t-elle disparu, que don Manoël s'éloigne de l'habitation et court dans les rochers pour chercher Mosquita.)

MOSQUITA, dans le hangar, à Péblo.

Maintenant ne crains rien
Et crois-en la magicienne!
Il avait pris ta place,

(Montrant la chambre de Bénita.)

Et tu prendras la sienne.
Ici cache-toi bien.

(Elle avance la tête hors du hangar, et chante.)

Notre sort est lié,
L'as-tu donc oublié?
Autrefois,
Tu cédais à ma voix.
Si tu dis que mon cœur
Est pour toi le bonheur,
Ah! pourquoi
T'en aller loin de moi?

(D'un ton plus gai.)

Tra, la, la, la, la, la, la.

Ensemble.

DON MANOEL, descendant peu à peu le sentier des rochers.

Démon, femme ou sorcière,
Elle entraîne mes pas.
Je sens de ma colère
S'apaiser les éclats!
La magique science
Soudain m'a fasciné;
Malgré moi je m'avance,
Auprès d'elle entraîné.

PÉBLO, dans le hangar.

O vertu singulière,
Que je ne comprends pas!
La voix de la sorcière
Semble enchaîner ses pas!
Sa magique science
L'a soudain fasciné,

Et vers elle il s'avance
Par son art entraîné.

(Don Manoël s'élance vers le hangar. Péblo disparaît par une petite porte donnant dans la coulisse, et Mosquita vient au-devant de don Manoël.)

MOSQUITA, gaiement.

Ah! c'est vous, monseigneur!

DON MANOEL.

Tu me parles sans crainte.

MOSQUITA.

Pourquoi pas? c'est à vous, je pense, de trembler
Sur votre faux hymen, sur cette indigne feinte!...
Je n'ai qu'un mot à dire... on va vous immoler.
Et je me tais!... Voilà comment, moi, je me venge.

DON MANOEL.

Et par bonté pour moi?

MOSQUITA, gaiement.

Non, mais cela m'arrange!
Et puis, je vous dois tant!

DON MANOEL.

Toi?

MOSQUITA.

De Péblo vous enlevez la femme.
Grâce à vous, il est libre, et je puis maintenant,
Moi qui l'aimais...

DON MANOEL, atterré.

Ciel!

MOSQUITA.

Lui donner mon âme
Avec ma main.

DON MANOEL, hors de lui.

Péblo! Quoi! vous l'aimez?

MOSQUITA.

C'est moi qu'il prendra pour compagne,
Et cette nuit nos nœuds seront formés
Au prieuré de la Montagne.

DON MANOEL.

Il n'ira pas!

MOSQUITA, fièrement.

Qui l'en empêchera?

DON MANOEL.

Moi... moi, qui le tiens sous ma chaîne.

MOSQUITA.

Il ne connaît plus que la mienne;
(En souriant.)
Vous n'avez jamais pu garder un prisonnier;
Je viens de délivrer Péblo de son grenier.

DON MANOEL.

O ciel!

MOSQUITA, railleuse.

Vous me semblez contrarié,
Monsieur le marié?

DON MANOEL.

Non, non, ce nœud funeste,
Mosquita, tu ne peux le former...
Par pitié, par pitié, reste!
Aime-moi, Mosquita, je le veux!

MOSQUITA.

Vous aimer!
(Avec passion.)
Un amant, un époux doit m'offrir la tendresse
D'un cœur toujours aimant, n'aimant que moi sans cesse;
Je veux qu'à mon approche, ému, tremblant d'ivresse,
D'espoir tout frémissant, craignant mon seul courroux,
Et sans force et sans voix, par l'amour qui l'oppresse,
Le regard suppliant, il retombe à genoux.
(Don Manoël, enivré, témoignant qu'il porte dans son cœur tout l'amour
que demande Mosquita, tombe à genoux éperdu.)

PÉBLO, reparaissant dans le hangar.

Lui à ses pieds!

MOSQUITA, d'un air moqueur à don Manoël suppliant, à genoux.

Mais, tout me l'atteste,

Un lien si doux,
Un nœud si jaloux,
Sont peu faits pour vous !
La bouche en vain proteste,
Le cœur ne parle pas ;
(Elle passe gaiement devant lui.)
Non, non, chez vous, hélas !
Le cœur ne parle pas !

Ensemble.

DON MANOEL, qui s'est relevé avec désespoir.
Ah ! par son rire moqueur
Elle tue et m'outrage ;
Méprisant ma douleur,
Mon amour et ma rage,
Elle me frappe au cœur !
De fureur il éclate.
Moi qui l'aime, l'ingrate !
O supplice infernal !
Je la vois dans les bras, dans les bras d'un rival !

MOSQUITA, avec un orgueil triomphant.
Sa jalouse fureur
Accomplit mon ouvrage,
Mon pouvoir est vainqueur ;
L'amour jusqu'à la rage
Est porté dans son cœur !
Oui, de fureur il éclate ;
Et bien puni, je m'en flatte,
Dans son piége infernal,
Pris lui-même, il me voit dans les bras d'un rival !

PÉBLO, s'avançant un peu hors du hangar.
La sorcière en son cœur
Fait glisser un breuvage.
Contre un pouvoir vainqueur
En vain lutte avec rage
Ce damné séducteur ;
Qu'avec elle il débatte !
J'échappe, je m'en flatte,

Au malheur sans égal,
De te voir, Bénita, dans les bras d'un rival!

MOSQUITA, à don Manoël avec la plus grande passion.

Cet esclave obtiendrait, en retour de son âme,
Un cœur non moins aimant, donnant ce qu'il réclame :
Tendresse pour tendresse, élans, transports de flamme ;
Ma vie et tout mon être, à lui, mon roi vainqueur !
L'univers dans l'amour, le ciel dans une femme,
Une ivresse infinie à mourir de bonheur...

(Don Manoël, palpitant de passion, implore cet amour dont on lui fait le tableau. Mosquita reprend gaiement :)

Mais tout l'atteste, etc.

Ensemble.

DON MANOEL, retombant dans son désespoir.

Ah! par son rire moqueur, etc.

MOSQUITA.

Sa jalouse fureur, etc.

PÉBLO.

La sorcière en son cœur, etc.

(Mosquita s'enfuit par le sentier de la montagne, pendant que don Manoël reste abîmé dans sa douleur. Il l'aperçoit sur un rocher, et, malgré la défense qu'elle semble lui faire en étendant le bras avec menace, il s'élance à sa poursuite. Péblo, pour s'assurer qu'il a disparu, sort tout doucement du hangar.)

ACTE TROISIÈME

Une chambre fermée au fond par une tenture de natte et par une banne en auvent; deux portes latérales, une fenêtre à droite, deux tables.

SCÈNE PREMIÈRE.

BÉNITA, PÉBLO, assis à gauche.

PÉBLO, baisant la main de Bénita.

Je te jure que c'est moi qui suis Péblo !

BÉNITA, tendrement.

Bien vrai !

PÉBLO.

Puisque je te le dis.

BÉNITA.

C'est une raison ! mais l'autre ?...

PÉBLO.

N'est-ce pas moi qui t'ai sauvée il y a un mois, dans la vallée de Toluca ?

BÉNITA.

C'est vrai !...

PÉBLO.

Moi, qui t'emportais dans mes bras, qui te serrais contre mon cœur ?

BÉNITA.

C'est vrai!

PÉBLO.

Moi, qui t'ai fait demander en mariage par mon père... moi, enfin, qui avais juré de t'aimer toujours, et qui ai tenu ma parole!

BÉNITA.

Il est certain que voilà des preuves... mais l'autre?

PÉBLO.

Est un imposteur qui voulait me ravir mon bien, mon trésor... Et alors, c'est trop juste, c'est de légitime défense, je lui ai enlevé sa femme... c'est-à-dire la mienne.

BÉNITA.

Voilà justement ce qui m'embrouille... car enfin cela me fait deux maris!

PÉBLO, vivement.

Eh bien! choisis?...

BÉNITA.

Ah! peux-tu me le demander?

COUPLETS, *à deux voix.*

Premier couplet.

PÉBLO.

Celui qu'ici ton cœur préfère?...

BÉNITA.

C'est toi!

PÉBLO.

Celui dont l'amour sait te plaire?

BÉNITA.

C'est toi!

PÉBLO et BÉNITA.

Aucun nuage
Ne ternira nos jours,

Jamais d'orage
Sur nos jeunes amours!

BÉNITA.

Mon mari, c'est bien toi?

PÉBLO.

Ton mari, c'est bien moi,
Mon cœur t'en donne ici le gage.

BÉNITA.

Mon mari, c'est bien toi?

PÉBLO.

Ton mari, c'est bien moi,
Oui, oui, Péblo c'est moi!

BÉNITA.

C'est toi !

Deuxième couplet.

BÉNITA.

Celui qui me sera fidèle?...

PÉBLO.

C'est moi!

BÉNITA.

Qui n'aimera point d'autre belle...

PÉBLO.

C'est moi!

PÉBLO et BÉNITA.

Aucun nuage, etc.

BÉNITA.

Je n'ai plus qu'une crainte maintenant... si l'autre revenait?

PÉBLO.

N'y pense donc plus et ne t'en inquiète pas ! Mosquita la sorcière...

BÉNITA.

Tu la connais ?

PÉBLO.

Sans doute!... s'est chargée de l'enlever et de t'en débarrasser !

BÉNITA.

J'ai toujours eu le pressentiment qu'elle me porterait bonheur !

PÉBLO.

Et s'il te reste encore des craintes... (Il l'embrasse.) Si tu conserves encore des doutes... sur ma franchise... sur mon amour... (Il l'embrasse.) J'espère que voilà des preuves.

(Il l'embrasse encore.)

BÉNITA.

Certainement, monsieur, elles me suffisent pour moi... mais pour ma tante...

PÉBLO.

Je lui en donnerai d'autres !

BÉNITA.

Je l'espère bien.

PÉBLO.

J'écrirai à mon père... il viendra lui-même, s'il le faut... et d'ici là... en attendant... la tante nous permettra bien de nous aimer sur parole.

BÉNITA.

Elle est si défiante!... elle ne voudra peut-être pas faire crédit.

PÉBLO.

Mais toi !

BÉNITA, écoutant.

Silence !

(On entend retentir des guitares et des castagnettes.)

PÉBLO.

Une aubade sous nos fenêtres !

LE CHOEUR, en dehors.

Des feux de l'aurore

Le ciel se colore,
Et l'on rêve encore
Et l'on dort chez vous !
Debout, camarade,
Le seigneur alcade
Vient donner l'aubade
Aux jeunes époux !
Réveillez-vous,
Jeunes époux !

BÉNITA, après avoir été regarder à la fenêtre.

Le lendemain du mariage
Filles et garçons du village,
L'alcade en tête, viennent tous
Célébrer les nouveaux époux !

PÉBLO.

Nous voilà bien !... que faire ? hélas !

BÉNITA.

Je n'en sais rien ! mais n'ouvrez pas !

LE CHŒUR, en dehors.

Des feux de l'aurore, etc.

PÉBLO et BÉNITA.

Quel carillon et quel tapage !
Ah ! mon Dieu ! le maudit usage !
C'est fait de nous, c'est fait de nous !

PÉBLO.

La porte s'ouvre.

BÉNITA.

Ma tante avait la clef.

(Péblo et Bénita courent se réfugier à gauche. Bénita cache avec sa robe
Péblo à genoux derrière elle.)

SCÈNE II.

Les mêmes ; DOLORÈS, puis GALLARDO.

DOLORÈS, entrant par la droite et parlant aux villageois qui sont en dehors.

Tout à l'heure... Vous verrez les mariés plus tard. Que personne n'entre... excepté le seigneur alcade.

GALLARDO.

La justice a le droit de pénétrer partout... Ah! belle voisine, quand serai-je ainsi réveillé par une aubade le lendemain des noces?

DOLORÈS, avec pudeur.

Gallardo!... ma nièce peut vous entendre.

GALLARDO.

Avançons sur la pointe du pied, surprenons ces heureux époux.

PÉBLO, à part.

Les plus surpris ne seront pas nous.

DOLORÈS.

Que vois-je! la mariée toute seule... ma pauvre Bénita! (L'attirant par la main, elle aperçoit Péblo.) Ah! juste ciel!

PÉBLO, se levant et prenant résolûment le bras de Bénita.

Eh bien! oui, c'est moi.

GALLARDO.

Un autre que Péblo!

DOLORÈS.

Un amant... dès le lendemain!...

GALLARDO.

Au matin!

BÉNITA.

Ma tante!...

DOLORÈS.

Quelle abomination! Jamais dans ma famille chose pareille n'est arrivée... aussi tôt...

GALLARDO.

Je le crois.

BÉNITA.

Ne m'accusez pas.

PÉBLO.

Votre nièce est innocente, c'est moi qui suis son mari.

DOLORÈS et GALLARDO.

Son mari!

PÉBLO.

Je suis Péblo! le vrai Péblo!

DOLORÈS.

Ah! ceci est un peu fort.

GALLARDO.

C'est-à-dire que c'est d'une audace!...

DOLORÈS.

Devant sa tante!...

GALLARDO.

Devant la magistrature!... la chose me regarde, je dois verbaliser. Il y a vol de nuit, mais je saurai bien faire réparer...

DOLORÈS.

Ah! c'est irréparable! Et l'autre... le Péblo légitime, où donc est-il?

PÉBLO.

Au diable celui-là! s'il ose revenir ici, je le tue.

GALLARDO.

Quel trait de lumière!... un affreux soupçon vient se glisser dans mon esprit.

DOLORÈS.

Vous me faites trembler.

GALLARDO, examinant Péblo.

Cet air mauvais sujet...

BÉNITA.

Lui !

PÉBLO.

Moi ?

GALLARDO.

Ce libertin qui prend la place du mari, et qui le menace encore... ce doit être lui.

DOLORÈS.

Plus de doute !

GALLARDO.

C'est don Manoël.

BÉNITA, jetant un cri de terreur et s'éloignant de Péblo.

Grand Dieu !

PÉBLO, l'arrêtant.

Ne crains rien, je suis Péblo.

(Il l'embrasse.)

BÉNITA.

Bien vrai ?

DOLORÈS.

Tu souffres qu'il t'embrasse !

BÉNITA.

Damé ! dans le doute...

DOLORÈS.

C'est vouloir attirer le tonnerre. (Rumeurs au dehors.) Entendez-vous déjà ce bruit à notre porte ?

GALLARDO, qui a couru à la fenêtre.

C'est tout le village qui vient pour le saisir.

BÉNITA, à Péblo.

Cachez-vous.

PÉBLO.

Me cacher !

BÉNITA.

Coupable ou non, je vous en supplie.

DOLORÈS.

Oui, oui, pour notre honneur, il faut que tout le monde ignore...

GALLARDO, avec explosion.

Quel exemple pour sa tante !

(Péblo, conduit par Bénita, entre dans la chambre à gauche. Dolorès va ouvrir la porte à droite.)

SCÈNE III.

BÉNITA, GALLARDO, MOSQUITA, DOLORÈS.

VOIX au dehors.

Vive Mosquita !

MOSQUITA.

Merci, merci, mes amis !

DOLORÈS.

Qu'est-ce donc ?

MOSQUITA.

Les gens du village, à qui je viens de dire la bonne aventure; je leur ai prédit qu'ils auraient justice, et ils ont été si étonnés de ma prédiction, qu'ils voulaient me porter en triomphe.

GALLARDO.

Ce n'est que cela !

MOSQUITA.

Dame ! c'est une faveur qu'ils obtiennent si rarement qu'ils n'y croyaient plus.

DOLORÈS, bas à Mosquita.

Savez-vous ce qui s'est passé cette nuit?

MOSQUITA.

Certainement. (Lui prenant la main.) Et si vous voulez que je vous le dise...

BÉNITA, vivement.

Ce n'est pas la peine... Mosquita vient peut-être pour déjeuner?

MOSQUITA.

Non, mon enfant, je viens pour le seigneur alcade, que l'on m'a dit être ici.

GALLARDO, d'un air d'importance.

Pour moi!... Femme, qu'y a-t-il de commun entre nous?

MOSQUITA.

Les papiers que je vous ai remis hier, et dont j'ai besoin, car je pars.

GALLARDO.

Vos papiers!...

MOSQUITA.

Vous les avez!

GALLARDO.

Ils sont là... (Les tirant de sa poche.) Avec moi rien ne se perd!

MOSQUITA.

Vous les avez lus?...

GALLARDO.

Oui certes... mais je ne serais pas fâché... de me rappeler... ce qu'ils contiennent... je l'ai oublié... ainsi que mes lunettes... (A Dolorès, lui donnant les papiers.) Lisez-moi cela, de grâce... ces maudites lunettes... j'ai toujours tant d'affaires... que je ne pense jamais...

MOSQUITA.

A y voir clair!...

(Elle s'assied à gauche.)

GALLARDO, d'un air menaçant.

Plait-il?

DOLORÈS, qui vient de jeter les yeux sur les papiers.

Ah! mon Dieu!... écoutez donc! — « Ordre à tous les « alcades du canton d'obéir en tout point, et à l'instant, à « la señora Mosquita. »

GALLARDO.

Est-il possible!... c'est écrit?...

DOLORES.

En toutes lettres...

GALLARDO, prenant les papiers qu'il regarde.

Oui... oui... ça doit y être... ce doit être cela! d'autant qu'il y a un cachet... le cachet du Saint-Office... je le reconnais parfaitement.

DOLORÈS, tremblante.

Le Saint-Office!...

GALLARDO, à demi-voix.

C'est quelque espionne... quelque affiliée, ils en ont partout... (Tremblant.) N'avez-vous rien proféré devant elle qui puisse me compromettre... et moi-même... ne lui ai-je pas dit des choses trop mordantes... trop piquantes... des choses injurieuses?

DOLORÈS, de même.

Au contraire... c'est elle!...

GALLARDO, de même.

Dieu soit loué! je l'aime mieux!...

(Il s'approche de Mosquita et la salue, Dolorès lui fait des révérences.)

BÉNITA, étonnée.

Qu'est-ce qu'ils ont donc... auprès de la sorcière?

GALLARDO, à Mosquita lui montrant les papiers d'une main tremblante.

Vous ne m'aviez pas prévenu, señora, de vos titres et qualités.

14.

MOSQUITA.

Vous m'avez dit que vous les aviez lus...

GALLARDO.

Ah! c'est vrai! le trouble... le respect... Avez-vous quelques ordres à me donner?

BÉNITA, à part.

Des ordres!

MOSQUITA, se levant.

Un seul... c'est de disposer de tout votre monde, de chercher et d'arrêter à l'instant le nommé Péblo!

BÉNITA, GALLARDO, et DOLORÈS.

Péblo!

(Bénita court se placer devant la porte.)

MOSQUITA.

Le mari de Bénita...

DOLORÈS, remontant vers la chambre où est enfermé Péblo.

Oh! arrêtez-le!

GALLARDO.

Il est là.

BÉNITA, devant la porte.

Du tout... du tout... ma tante...

DOLORÈS.

Mais tu disais tout à l'heure que le véritable Péblo...

(On entend au dehors don Manoël appeler.)

DON MANOEL, en dehors.

Carasco! Carasco!

BÉNITA.

Le voici!... je l'entends... c'est bien lui... il n'y en a pas d'autre.

MOSQUITA.

Elle a raison!...

BÉNITA, à Dolorès.

Vous voyez bien !

DOLORÈS.

Mais alors...

BÉNITA.

Taisez-vous donc, ma tante, vous allez embrouiller le seigneur alcade !...

(Elle l'entraîne dans la chambre à gauche.)

MOSQUITA, à Gallardo.

Vous, suivez-moi, je vous dirai ce que vous avez à faire.

(Ils sortent.)

SCÈNE IV.

DON MANOEL, CARASCO; puis GALLARDO.

CARASCO, à son maître qui se jette avec abattement sur une chaise près de la table à droite.

Mais, monseigneur...

DON MANOEL.

Laisse-moi !

CARASCO.

Si vous daigniez m'écouter...

DON MANOEL.

Tu n'es bon à rien... tu ne sais rien faire !

CARASCO.

C'est depuis hier soir que le prisonnier s'est évadé !

DON MANOEL.

Encore par magie... n'est-ce pas ?

CARASCO.

Oui... monseigneur... dès que la sorcière est quelque part, elle nous porte malheur, aussi je suis accouru pour vous prévenir... Impossible de vous trouver... même ici! vous, le marié!

DON MANOEL, brusquement.

Oui... j'étais parti...

CARASCO.

Où donc?

DON MANOEL.

Dans la montagne...

CARASCO.

La nuit de vos noces... et par un orage!

DON MANOEL, se levant.

Qu'importe?... il s'agissait de la retrouver... de la rejoindre...

CARASCO.

Votre femme?

DON MANOEL.

Eh! non... cette damnée sorcière!... Les précipices... les fondrières... ce n'était rien! mais la nuit... dans ces forêts, je me suis égaré... et ce pricuré de la Montagne... je suis arrivé trop tard, tout était fini!

CARASCO.

Quoi donc?...

DON MANOEL.

Cela ne te regarde pas... (Marchant avec agitation.) Eh bien, tant mieux! elle est à un autre, il n'y a plus à y songer... (Avec désespoir.) Elle... dans les bras d'un autre... Après tout, qu'est-ce que cela me fait?... est-ce qu'elle mérite que je m'occupe d'elle?... et moi aussi... j'ai cette petite Bénita qui est charmante... et joyeux je reviens près d'elle!... je reviens un peu tard!... Mais enfin... (Il se dirige vers la chambre à gauche et trouve devant lui Gallardo qui vient de rentrer.) Ah! c'est vous, seigneur alcade... et ma femme!... comment se porte-t-elle?...

GALLARDO.

Mieux que vous !... je le présume, seigneur Péblo !... car en ce moment...

DON MANOEL.

Eh bien ?

GALLARDO.

La maison est cernée... tout le village en armes, et je suis obligé de vous arrêter...

DON MANOEL, riant.

M'arrêter ?

GALLARDO, à part.

Elle est là, elle écoute, soyons ferme.

TRIO.

Allons ! il faut me suivre à l'instant en prison.

DON MANOEL.

Qui, moi ?

(Il lui tourne le dos.)

GALLARDO.

Je suis alcade.

DON MANOEL.

Alcade ? Eh ! que m'importe ?

GALLARDO.

Allons !

DON MANOEL.

Probablement vous perdez la raison !

(Il va s'asseoir sur le bord de la table à droite.)

GALLARDO.

J'ai là mes alguazils pour me prêter main forte.
D'un pouvoir tout-puissant redoutez le courroux !
De ces lieux à l'instant j'ordonne que l'on sorte,
Allons, m'entendez-vous ?

CARASCO.

Du ciel sur nous
S'amasse le courroux !

DON MANOEL, *passant nonchalamment devant lui.*
>Vous voulez que je sorte?...
>Cela vous est permis.
Et moi je me permets de rester.

(Il s'assied à gauche.)

CARASCO.
>>Je frémis !

GALLARDO, *montrant le brevet du Saint-Office.*
>En prison l'on me suivra,
>C'est l'ordre de Mosquita !

DON MANOEL, *bondissant de colère et lui arrachant le brevet.*
>Ah ! qu'ai-je vu ? Mosquita, Mosquita !

Ensemble.

DON MANOEL.
>C'en est fait, sois maudite !
>Ma colère est sans frein ;
>Par l'enfer qui m'excite,
>Tu mourras de ma main !
>Ah ! redoute mon transport,
>Ma colère, c'est la mort !

GALLARDO.
>Votre fureur maudite
>Veut résister en vain !
>D'un pouvoir sans limite
>C'est l'ordre souverain.
>Vaine rage, vain effort,
>La révolte, c'est la mort !

CARASCO.
>Sa colère maudite
>Se déchaîne sans frein.
>D'un pouvoir qu'il irrite
>Sur lui s'étend la main.
>Vaine rage, vain effort,
>La révolte, c'est la mort !

GALLARDO.
Craignez la terrible justice

Qui vous parle ici par ma voix.
C'est un brevet du Saint-Office,
Il faut obéir à ses lois!

DON MANOEL.

Je connais enfin ta puissance;
Riant de ma vaine fureur,
Je sais d'où vient tant d'insolence.
O Mosquita, sur toi, malheur!
Malheur! malheur!

Ensemble.

DON MANOEL.
C'en est fait, sois maudite! etc.

GALLARDO.
Votre fureur maudite, etc.

CARASCO.
Sa colère maudite, etc.

SCÈNE V.

Les mêmes; MOSQUITA.

DON MANOEL, cherchant à se modérer, mais balbutiant de colère.
Ah! c'est vous!... encore vous!... ici!

CARASCO.
Quand je vous dis, monseigneur, que c'est notre mauvais génie.

DON MANOEL.
Oui... à ce parchemin... à ce cachet... je comprends d'où te vient ton pouvoir. (Il froisse le brevet. Gallardo le reprend et le rend à Mosquita.) Espionne du Saint-Office, sous quel prétexte... oses-tu me faire arrêter?

MOSQUITA.
Vous me le demandez?... vous! seigneur Péblo?

DON MANOEL.
Vous savez bien vous-même que je ne suis pas Péblo.

GALLARDO.

Comment ?

DON MANOEL.

Non, seigneur alcade. Je vous dois la vérité. Je ne suis pas Péblo !

GALLARDO.

Alors, si vous n'êtes pas Péblo, qui donc êtes-vous ?

DON MANOEL.

Qui je suis ?...

CARASCO, bas à son maître.

Ne le dites pas, ou nous sommes perdus.

DON MANOEL.

Peu m'importe !

CARASCO, de même.

Et tout le village prêt à nous assommer !

DON MANOEL.

Cela m'est égal ! (A Gallardo.) Apprenez donc, vous qui, en obéissant à cette femme, avez osé me manquer de respect, que je suis don Manoël, marquis de Jaral, fils du vice-roi.

(Gallardo ôte vivement son chapeau et s'incline.)

MOSQUITA.

Ce n'est pas vrai. (Gallardo remet brusquement son chapeau.) C'est un nouveau mensonge... qui ne le sauvera pas...

DON MANOEL.

Un mensonge !... Tu oses le soutenir ?

MOSQUITA.

Je le soutiens, et, si ma parole ne suffit pas, demandez à son complice, à celui qui l'accompagne.

GALLARDO, à Carasco.

Est-ce là don Manoël ?

MOSQUITA, se levant.

Répondez !...

CARASCO.

Ce n'est pas lui!... je l'atteste. (Bas à don Manoël, qui se précipite sur lui.) Mais c'est pour vous sauver, monseigneur!...

MOSQUITA, qui se rassied, à don Manoël, d'un ton de juge.

Alors, votre nom, monsieur?

GALLARDO.

Votre vrai nom?

DON MANOEL.

Ah! si je ne me retenais...

GALLARDO.

Vous qui en aviez deux tout à l'heure, n'en avez-vous plus maintenant?... Répondez!...

DON MANOEL, frémissant de colère.

Que je réponde...

CARASCO, à demi-voix.

Eh! oui, monseigneur, le premier nom venu.

DON MANOEL, de même.

Eh bien! ce sera le tien. (A l'Alcade.) Carasco, factotum, intendant du seigneur don Manoël.

CARASCO, bas à son maître.

J'y consens!... je vous le donne!... le cadeau n'est pas grand...

MOSQUITA, à Carasco.

Il suffit... laissez-nous...

GALLARDO.

Il suffit... laissez-nous...

(Mosquita fait comprendre à Gallardo que cet ordre est aussi pour lui; il s'incline vivement et sort, ainsi que Carasco.)

SCÈNE VI.

DON MANOEL, MOSQUITA.

DON MANOEL.

Pourrais-je enfin savoir pourquoi tu n'as pas voulu que je fusse don Manoël?

MOSQUITA.

Il y a des noms tellement célèbres que la modestie défend de les porter! le tien t'aurait exposé à trop... d'éclat.

DON MANOEL.

Que t'importe, puisque tu veux me perdre!

MOSQUITA.

Moi! au contraire! je ne t'ai fait arrêter que pour te rendre un service.

DON MANOEL.

Lequel?

MOSQUITA, tout près de lui et d'un ton pénétré.

Il y a un vieillard... que, depuis trois mois, tu n'as pas vu... t que ton absence peut conduire au tombeau, c'est ton père.

DON MANOEL, avec émotion.

Mon père...

MOSQUITA.

J'ai pensé que tu me saurais gré de te mener vers lui.

DON MANOEL, sévèrement.

Mosquita!...

MOSQUITA, avec résolution.

Et j'ai donné des ordres en conséquence...

DON MANOEL.

C'est étrangement abuser de ma patience... et je n'en suis

pas encore à te prendre pour conseiller ou pour gouverneur. Je me ris de toi... et de l'Inquisition qui te paie ou te fait agir... j'ai du crédit... j'ai des amis puissants et dévoués qui ne m'abandonneront pas. Grâce à l'or prodigué par mes folies... j'ai parmi ce peuple lui-même des défenseurs et des partisans! (Bruit au dehors.) et dans ce moment... entends-tu! ce sont mes compagnons qui viennent me délivrer.

SCÈNE VII.

LES MÊMES; CARASCO, pâle et effaré.

CARASCO.

Ce sont eux... ils me poursuivent...

DON MANOEL.

Qu'est-ce donc?

CARASCO, balbutiant.

Le bruit s'est répandu qu'on venait d'arrêter le domestique, le conseiller de don Manoël!...

DON MANOEL.

Eh bien?

CARASCO.

Eh bien! comme depuis hier, je ne vous quitte pas... les garçons du village se sont persuadé... que si vous êtes le confident... je dois être le maître... ils me prennent pour don Manoël... et à peine étais-je sorti qu'ils ont voulu... les voilà!

DON MANOEL.

Ah!... nous allons voir!

(Il court vers la porte.)

MOSQUITA, qui l'y avait devancé.

Reste, au contraire!... et tais-toi!...

VOIX, au dehors.

Qu'il meure! qu'il meure!

MOSQUITA, à don Manoël.

Entends-tu?

(La porte s'ouvre brusquement et l'on voit paraître sur le seuil des hommes armés de bâtons.)

MOSQUITA.

Arrêtez! arrêtez! au nom du Saint-Office,
Qui les réclame par ma voix!
Lui seul dira s'il faut qu'il vive ou qu'il périsse.
Malheur à qui de vous toucherait à ses droits!

(Elle tient en main le brevet et leur ordonne de s'éloigner; ils se retirent avec respect et lorsqu'ils ont disparu, on entend des voix lointaines répéter :)

VOIX, au dehors.

Qu'il meure! qu'il meure!

MOSQUITA, à don Manoël.

Que dis-tu de l'amour qu'on te portait? (Regardant autour d'elle.) Et les grands seigneurs! les amis de don Manoël... je ne les vois pas.

CARASCO.

Quand ils ont appris que la sainte Inquisition se mêlait de l'affaire... ils se sont tous empressés de disparaître l'un après l'autre...

DON MANOEL.

O ciel!

CARASCO.

Et je crois que l'on n'en trouverait pas un seul aujourd'hui, qui eût assisté à la partie de plaisir d'hier.

MOSQUITA, à don Manoël.

Tu vois que tu n'as d'ami véritable... que moi! tiens... (Montrant Carasco.) et ce serviteur... le seul valet dévoué de tous ceux qui t'entouraient.

CARASCO.

Ah! monseigneur, si vous m'aviez cru plus tôt! mais enfin, hier, au moment de ce maudit mariage, vous avez eu la bonté de me signer, sans même le regarder, un certificat pour votre père !... A mon tour, voilà, si, comme je le crains, vous êtes traduit devant la sainte Inquisition, voilà un papier, une attestation de bonne conduite, qui pourra vous servir.

DON MANOEL.

Eh ! de qui vient-elle ?

CARASCO.

De moi... monseigneur.

DON MANOEL.

Par exemple !...

(Il veut la déchirer.)

CARASCO.

Ne déchirez pas !... cela peut vous être utile.

(Don Manoël froisse le papier et le jette. Mosquita qui s'est assise à gauche appelle Carasco qui s'approche avec des marques de respect; elle lui dit quelques mots à l'oreille ; Carasco s'incline.)

DON MANOEL, courant à lui.

Qu'est-ce que cela signifie ?... que t'a-t-elle dit ?

MOSQUITA, à Carasco.

Je te défends de répondre...

DON MANOEL.

Et moi, je t'ordonne de parler...

MOSQUITA.

Qu'il prononce donc entre nous deux !

DON MANOEL.

Eh bien !

CARASCO.

Je suis désolé, monseigneur, mais il n'y a pas moyen d'hésiter. (A Mosquita.) Je vais, señora, exécuter vos ordres.

(Carasco sort.)

SCÈNE VIII.

MOSQUITA, DON MANOEL.

DON MANOEL.

Ange ou sorcière, qui es-tu?

MOSQUITA, se levant.

Toujours Mosquita, monseigneur... seulement j'ai changé...

DON MANOEL.

D'état?

MOSQUITA.

Non d'idée... c'est Carasco que j'envoie vers votre père...

DON MANOEL.

Et pourquoi?

MOSQUITA.

Pour que monseigneur le vice-roi vienne vous tirer lui-même du danger où vous êtes...

DON MANOEL.

Mon père!

MOSQUITA.

Vous refusiez d'aller à lui... il viendra vers vous, et dans peu d'instants.

DON MANOEL.

Que dis-tu?

MOSQUITA.

Qu'il est, avec sa suite, à une lieue d'ici.

DON MANOEL.

Mon père... ah! je t'en supplie, dérobe-moi à ses yeux.. ce mariage... ce scandale d'hier va l'irriter contre moi.

MOSQUITA.

Est-ce là le seul motif qui t'empêche de le revoir?

DON MANOEL, vivement.

Oui... je te le jure.

MOSQUITA.

C'est bien. Carasco, ton intendant, un honnête homme que tu aurais fini par gâter, ne t'a-t-il pas remis un billet?

DON MANOEL.

Que j'ai jeté là...

MOSQUITA.

Tu as eu tort; il t'aurait appris que l'acte de ton mariage constate que tu as épousé Bénita par procuration, en l'absence et au nom de Péblo Zatécas, ton ami.

DON MANOEL.

Qu'entends-je?

MOSQUITA.

Tu vois qu'au lieu d'une mauvaise action, tu en auras fait une bonne... sans le savoir... tu as marié et doté... car tu les doteras... deux jeunes gens qui s'aiment... et qui te béniront... ce sera un commencement! et tu poursuivras dans le bon chemin, j'en étais sûre d'avance.

DON MANOEL, étonné.

D'avance?

MOSQUITA.

Oui, l'on racontait tant de mal de toi que cela m'a donné l'envie de te connaître. Une bohémienne va partout, et avec ceux de ma tribu... je me suis présentée à ton château... tu sais quel fut ton accueil.

DON MANOEL.

Ah! ne me le rappelle pas!... et sois généreuse.

MOSQUITA.

N'ai-je pas déjà commencé en renonçant à Péblo qui aimait Bénita?... Nous autres bohémiennes, nous avons bien aussi quelques bonnes qualités.

DON MANOEL.

Mais tout ce que tu m'as dit et raconté hier au soir...

MOSQUITA.

Permets, permets... nous autres bohémiennes, nous mentons bien quelquefois.

DON MANOEL.

Tu es donc libre? tu n'appartiens à personne?... qu'à moi!... à moi, il le faut!

MOSQUITA.

C'est effrayant comme le naturel reparaît vite!... au moment où tu me promettais de rentrer en grâce auprès de ton père...

DON MANOEL.

Si tu savais quel prix il attache à son pardon, et ce qu'il exige de moi!

MOSQUITA.

Quoi qu'il ordonne, tu lui dois obéissance.

DON MANOEL.

Me faire épouser une femme qui ne peut me convenir!

MOSQUITA.

Ton père le veut.

DON MANOEL.

Une nièce à lui, élevée à Madrid dans tous les préjugés de la bigoterie espagnole.

MOSQUITA.

Ton père le veut.

DON MANOEL.

Il ne l'a fait venir auprès de lui, il ne l'a choisie qu'à cause de son caractère impérieux qui devait, disait-il, dompter le mien, et moi, j'ai refusé doña Fernande, ma cousine, je la refuse encore.

MOSQUITA.

Vous en êtes le maître. Laissez donc mourir votre père dans le désespoir; moi, je vous dis adieu... je pars.

DON MANOEL.

Mosquita!

DUO.

MOSQUITA, s'arrêtant.

Que me veux-tu?

DON MANOEL.

Ne partez pas;
Sans vous je ne puis vivre,
Au bout du monde il me faudrait vous suivre...
Mon âme est enchaînée à chacun de vos pas.

MOSQUITA.

Qui me résiste et ne m'obéit pas,
Don Manoël, ne m'aime pas.

DON MANOEL.

Me laisserez-vous seul, seul avec ma douleur,
Brisé par cet amour qui déchire mon cœur?

En vain je prie, en vain je pleure!
Dans mon cœur désolé, mon Dieu! si vous lisiez,
Vous verriez qu'il faut que je meure;
Quand je rêvais l'espoir qu'un jour vous m'aimeriez!
Mosquita, ce doux songe
N'est-il donc qu'un mensonge?
Par pitié, répondez, ou je meurs à vos pieds!

Ensemble.

DON MANOEL.

Me laisserez-vous seul, seul avec ma douleur,
Brisé par cet amour qui déchire mon cœur?

MOSQUITA, à part.

Il m'aime, il m'aime enfin, il prie avec douleur,
Brisé par cet amour qui déchire son cœur!

15.

DON MANOEL.

Quoi! rien ne vous émeut... rien!... Guérissez-moi donc
D'un amour qui me désespère
Sans obtenir de vous ni pitié ni pardon !

MOSQUITA.

Et qui te dit que je n'en suis pas fière ?

DON MANOEL.

O ciel !

MOSQUITA.

Lorsque j'ai vu ta haine et ta colère,
Tous ces transports, combats d'une âme altière,
Je t'aimais ;
Quand de Péblo tu quittais la compagne
Pour t'élancer vers moi dans la montagne,
Je t'aimais ;
Quand tu semblais, ému, l'âme éperdue,
Rougir, pâlir, à ma voix, à ma vue,
Je t'aimais ;
Oui, je t'aimais et dans cet instant même,
Mon Manoël, mon bien suprême,
Je t'aime encor, je t'aime !

DON MANOEL.

Tu m'aimes !

MOSQUITA.

Malgré moi.

DON MANOEL.

Ah ! tu m'ouvres le ciel !

MOSQUITA.

Je dois de cet amour faire le sacrifice.

DON MANOEL.

Non, non, tu m'appartiens !

MOSQUITA.

Le fils du vice-roi,
Sans se déshonorer, ne saurait être à moi,
A moi, la Gitana, fille du Saint-Office.

DON MANOEL.

Ah! qu'importe?

MOSQUITA.

Ton père en mourrait de chagrin.

DON MANOEL.

Mon père!

(On entend au loin une fanfare.)

MOSQUITA.

Il vient!... entends ces chants d'ivresse,
Le peuple autour de lui s'empresse...
Don Manoël, allons, sois homme enfin!

De l'honneur suis les lois,
Entends enfin sa voix!
Don Manoël, entends sa voix!
En ton courage espère!
Ne démens pas le sang
D'un noble Castillan!
Don Manoël, sois digne de ton père,
Et digne de ton rang;
Mets en moi ta foi,
Soumis, laisse-toi
Guider par moi qui t'aime!
Songe à ton destin,
Pour ta gloire enfin
Sois vainqueur de toi-même,
Prouve-moi que l'honneur
Toujours parle à ton cœur!

DON MANOEL.

Du moins ne partez pas, vous serez mon soutien.

MOSQUITA.

Mais acceptant le sort qu'un père te destine,
Tu jures d'épouser Fernande ta cousine?

DON MANOEL.

J'en mourrai, mais j'obéirai.

MOSQUITA.

C'est bien
Don Manoël, c'est bien.

Ensemble.

MOSQUITA.

De l'honneur suis les lois, etc.

DON MANOEL, s'exaltant.

L'honneur reprend ses droits,
J'entends enfin sa voix ;
En mon courage espère !
Sans démentir le sang
D'un noble Castillan,
Je me relève digne de mon père,
Et digne de son sang,
Car en toi j'ai foi,
Mon seul Dieu, c'est toi !
Toi seule, oui, toi que j'aime,
Règle mon destin.
Manoël enfin
Est vainqueur de lui-même.
Allons, Manoël, prouve-leur
Que l'honneur
Toujours parle à ton cœur !

SCÈNE IX.

LES MÊMES ; DOLORÈS, GALLARDO, sortant de la chambre de gauche avec QUELQUES HABITANTS du village ; d'autres accourent du dehors. BÉNITA au bras de PÉBLO.

DOLORÈS, affairée et joyeuse.

Le carrosse du vice-roi gravit la montagne, dans un instant il sera ici.

GALLARDO.

Et pas de discours préparé !

MOSQUITA.

Oui, mes amis, le vice-roi qui retrouve son fils.

TOUS.

Son fils!

DON MANOEL.

Son fils bientôt digne de lui... je l'espère.

CARASCO, accourant.

Monseigneur, votre père arrive... avec doña Fernande votre cousine.

DON MANOEL.

Ciel!

MOSQUITA.

Allez dire au vice-roi que don Manoël se soumet à ses volontés.

DON MANOEL.

Mais que, par grâce, j'obtienne quelques mois avant d'épouser doña Fernande... (A Mosquita avec prière.) ne fût-ce que pour la connaître.

CARASCO, confidentiellement et en souriant.

Si ce n'est que cela, monseigneur... regardez Mosquita.

DON MANOEL, jetant un cri de surprise et de joie.

Vous!

TOUS.

La sorcière!

MOSQUITA, à don Manoël.

Non, Fernande votre cousine...

CARASCO.

Dont j'étais le complice.

MOSQUITA.

Et qui s'était promis de vous amener... là...

(Geste de faire tomber à ses pieds.)

DON MANOEL, se jetant à ses genoux avec transport.

M'y voici pour toujours.

LE CHŒUR.

Vive la sorcière,
Reine des esprits,
Dont le savoir-faire
Donne des maris !
Dans tout le Mexique
Chacun redira
Le talent magique
De la Mosquita !

(Aux premières mesures du chœur, la tenture du fond disparaît, l'auvent se relève, et l'on aperçoit à l'horizon le panorama de Mexico. Les habitants du village accourent en foule au-devant du vice-roi. Au moment où paraît le cortége, le rideau tombe.)

LES
MYSTÈRES D'UDOLPHE

OPÉRA-COMIQUE EN TROIS ACTES

En société avec M. Germain Delavigne.

MUSIQUE DE A. L. CLAPISSON.

THÉATRE DE L'OPÉRA-COMIQUE. — 4 Novembre 1852.

PERSONNAGES.	ACTEURS
LE COMTE UDOLPHE, gouverneur de la province . . . . MM.	LEMAIRE.
L'AMIRAL DE NORBY	COULON.
ARVED DE NORBY, son fils.	DUFRESNE.
SUZANNE, fille du comte Udolphe. . . . . . Mmes	REVILLY.
CHRISTINE, dame de compagnie de Suzanne .	FÉLIX MIOLAN.
EVA, nièce du concierge	MEYER MEILLET.

VASSAUX et VASSALES. — MARINS. — SUITE du comte. — LA PRINCESSE ULRIQUE et ses DAMES et CHEVALIERS.

En Danemark, au château d'Udolphe, en 1718.

LES

MYSTÈRES D'UDOLPHE

ACTE PREMIER

Le vestibule d'un vieux château. — Deux portes à droite et à gauche ; sur le premier plan, à gauche, une grande armoire gothique. Au fond, une galerie qu'on aperçoit à travers des portes vitrées.

SCÈNE PREMIÈRE.

EVA, entrant par la porte vitrée du fond et regardant la porte à gauche qui est ouverte.

C'est bien étonnant !... tout à l'heure encore j'avais fermé moi-même cette porte... et la voilà ouverte !... je sais bien que sur cette côte, et dans le détroit du Sund, le vent est si terrible et si fort... mais pas assez pour tirer des verrous ou tourner les clefs dans les serrures ! (Avec impatience.) Ah ! il y a, à chaque pas, dans ces ruines et dans ce vieux château d'Udolphe, des mystères, qu'à tout prix je connaîtrai ; et quand il devrait m'arriver malheur...

COUPLETS.

Premier couplet.

J'aime à savoir ce qui se passe,
J'aime à savoir ce qu'on me tait,
Et pour moi nul plaisir n'efface
Celui de surprendre un secret !

Oui, toujours, en cachette,
D'une oreille inquiète
Je guette !
Et même quand j'ai peur,
Même quand je redoute,
Hélas ! qu'il ne m'en coûte,
J'écoute !
C'est là mon seul bonheur !
Oui, j'ai peur,
Mais j'écoute,
C'est là mon seul bonheur !

Deuxième couplet.

Dans ce château, dont les décombres
Sont l'asile des revenants,
Et dans ces longs corridors sombres
Troublés par des gémissements,

Moi, toujours en cachette, etc.

(A la fin de ce couplet, on frappe en dehors à la porte à droite.)

Qui frappe à cette heure-ci ? qui ça peut-il être ?... pendant que mon oncle Tobern, le concierge, est absent, et que je suis seule, il est plus prudent de ne pas ouvrir ! (On frappe de nouveau.) Mais si je n'ouvre pas, je ne saurai pas !... et c'est si agréable de savoir !... Ma foi, tant pis !...

(Elle prend sa résolution et court à la porte à droite qu'elle ouvre ; paraît une jeune fille habillée fort simplement.)

SCÈNE II.

EVA, CHRISTINE.

EVA.

Ah! mon Dieu! une jeune fille!... (A part, avec désappointement.) rien que ça!

CHRISTINE.

Je vous effraie, mademoiselle?...

EVA.

Au contraire!... je m'attendais à avoir peur! et votre vue me rassure. Mon oncle Tobern, le concierge, est sorti avec son fusil, pour se promener dans les ruines, mais à moi, Eva sa nièce, vous pouvez me dire hardiment ce qui vous amène, d'où vous venez... et qui vous êtes!

CHRISTINE.

Christine Gillenstiern, qui travaillais à Copenhague en dessins et en broderies.

EVA.

Et vous désirez?...

CHRISTINE.

Parler à la fille du comte Udolphe, la comtesse Suzanne, une jeune veuve, m'a-t-on dit...

EVA, avec volubilité.

Veuve depuis trois mois d'un mari qu'elle adorait, le comte Edgard... un jeune et bel officier tué dans la guerre contre les Suédois; un mariage d'inclination... mais la comtesse n'est pas en ce moment au château.

CHRISTINE.

Elle m'a écrit de l'y attendre!

EVA, de même.

Preuve qu'elle va arriver!... C'est singulier! elle n'y habite jamais, ni elle, ni son père, le comte Udolphe. Et à moins que vous ne veniez pour des motifs graves...

CHRISTINE.

Pour remplir près d'elle la place de lectrice et de dame de compagnie, qu'elle a bien voulu m'accorder, à moi pauvre orpheline, obligée de quitter Copenhague...

EVA, avec intérêt.

Ah! vous y êtes obligée... et pourquoi?...

CHRISTINE, baissant les yeux.

C'est mon secret, mademoiselle!...

EVA.

Un secret... (A part, avec impatience.) Ils ont tous des secrets! (Haut.) Mais je comprends, madame la comtesse vient dans cette solitude pour rêver à son mari! car elle ne pense qu'à lui... c'est beau! elle le pleure toujours, c'est rare, mais c'est bien ennuyeux, et si vous passez ici toute la belle saison...

CHRISTINE, souriant.

Dame!... si ça ne vous contrarie pas...

EVA, vivement.

Au contraire, mademoiselle, je serai si heureuse d'avoir quelqu'un avec qui causer de tout ce qui se passe dans cet horrible château...

CHRISTINE.

Horrible!...

EVA.

Est-ce que vous n'en avez pas entendu parler?

CHRISTINE.

Non vraiment!

EVA.

Quel bonheur! alors je vais vous dire... Aucun paysan des environs n'oserait, le soir, se hasarder dans ces ruines, et, si ce n'était mon oncle Tobern qui se fâche quand j'ai peur, je ne ferais que trembler, car depuis quelque temps surtout, on entend toutes les nuits des bruits d'armes et de longs gémissements qui vous empêchent de dormir et vous donnent des sueurs froides... Ah! vous me direz demain ce que vous en pensez!

CHRISTINE.

Vous voulez m'effrayer...

EVA.

Ce n'est rien encore!... Il y a dans ce château une immense salle d'armes... dans cette salle d'armes il y a, au fond, le portrait en pied d'une aïeule, arrière, arrière-grand'-tante de la famille Udolphe, laquelle grand'tante tient un papier à la main... à droite et à gauche de la muraille, les armures de plusieurs illustres ancêtres, dont j'ai oublié les noms...

CHRISTINE.

Eh bien?...

EVA.

Eh bien!... quand un des maîtres de ce château doit prochainement mourir, les armures descendent d'elles-mêmes de la muraille; l'aïeule se détache de son cadre, et vient présenter au seigneur châtelain son descendant le papier qu'elle tient à la main, par lequel elle le prévient que son heure est arrivée et qu'elle l'attend!... et mon oncle prétend que la peur de recevoir cette invitation empêche le présent comte Udolphe d'habiter le domaine de ses ancêtres!

CHRISTINE.

J'espère que vous ne croyez pas à une pareille fable...

EVA.

Une fable!... apprenez, mademoiselle, qu'il y a trois jours, j'avais osé traverser cette affreuse salle d'armes...

CHRISTINE.

Eh bien?...

EVA.

Eh bien... au moment où je passais sous le portrait de l'aïeule... j'ai vu une des armures s'agiter...

CHRISTINE.

Vous avez cru voir...

EVA.

Un des chevaliers a levé son gantelet de fer, me faisant signe de m'en aller... ce que je ne me suis pas fait dire deux fois... et maintenant, pour rien au monde... je ne remettrais le pied dans cette salle d'armes... quand je devrais y trouver un mari!

CHRISTINE.

Vous avez beau dire, ce n'est pas possible!... Mais c'est égal... j'aime mieux habiter une autre partie du château.

EVA.

Dès que mon oncle sera de retour, il vous indiquera votre appartement et si, en attendant, vous voulez me confier votre manteau, je vais le serrer...

CHRISTINE.

Où donc?

EVA, *montrant la grande armoire gothique qui est à gauche du théâtre et passant de ce côté.*

Là... dans cette armoire!...

(Eva ouvre l'armoire à gauche. Un jeune homme paraît habillé en matelot. Eva pousse un cri de terreur. Christine de même, et toutes deux se cachent la tête dans leurs mains.)

SCÈNE III.

ARVED, EVA, CHRISTINE.

TRIO.
Ensemble.

ARVED, à part.

Des femmes!... ô vue agréable!
Allons, plus de dangers pour moi!

Et le hasard m'est favorable,
Car j'allais étouffer, je croi !

EVA et CHRISTINE, se serrant l'une contre l'autre.

O vision épouvantable !
Mon Dieu, prenez pitié de moi !
Pardon ! pardon, spectre effroyable !
Ah ! je me sens mourir d'effroi !

ARVED, à Eva.

Rassurez-vous, aimable châtelaine !

EVA et CHRISTINE, se cachant toujours les yeux.

Pardonnez-nous, monsieur le revenant !

ARVED.

Bannissez une crainte vaine,
C'est moi qui tremble en vous voyant !

CHRISTINE, sans le regarder.

Sa voix est douce !

EVA, le regardant à travers ses doigts.

Et puis il n'a pas l'air méchant !

ARVED.

Qu'en ces lieux ma brusque visite
Ne vous mette pas en courroux !

CHRISTINE, à part.

Cette voix !... quel trouble m'agite !
(Le regardant.)
C'est lui !

ARVED, s'avançant.

C'est elle !

CHRISTINE et ARVED.

O ciel !

EVA, vivement, s'avançant près de Christine.

Le connaîtriez-vous ?

CHRISTINE.

Qui ! moi ?... non pas !

ARVED.

L'orage et les vents en furie,
Les flots qui menaçaient ma vie
Sur ce rivage m'ont jeté!
Mais vous, si bonne et si jolie,
Au pauvre marin qui supplie,
Accordez l'hospitalité!

Ensemble.

CHRISTINE.

Émue et tremblante,
Cachons mon bonheur!
Ah! sa voix touchante
Fait battre mon cœur!

ARVED.

Comblez mon attente,
Plaignez le malheur!
Que ma voix tremblante
Touche votre cœur!

EVA.

Emue et tremblante,
Je plains son malheur!
Sa voix suppliante
A touché mon cœur!

(Bas à Christine.)

Pouvons-nous l'accueillir, madame?

CHRISTINE, baissant les yeux.

Mais... il a l'air si malheureux.
Nous lui devons un secours généreux!

EVA.

Ses accents ont touché mon âme!

CHRISTINE.

Réponds-lui.

EVA.

Je n'ose vraiment!
Mais vous êtes plus brave!... et voyez!... il attend!

CHRISTINE, s'adressant à Arved.

Qu'en ces lieux votre cœur oublie
L'orage et la mer en furie,
Qui sur ces bords vous ont jeté !
Pour vous notre âme est attendrie,
Au pauvre marin qui supplie
Nous donnons l'hospitalité !

Ensemble.

ARVED.

O beauté touchante
Qui plaint le malheur !
Ma voix suppliante
Émeut votre cœur !

CHRISTINE.

Emue et tremblante, etc,

EVA.

Emue et tremblante, etc.

CHRISTINE, avec un peu d'embarras, à Eva.

Si votre oncle Tobern est de retour... bien vite
Prévenez-le de la visite
Que le hasard vient de nous amener !

EVA.

J'y vais !

(A part.)
Mais je comprends, on voudrait m'éloigner !

(Eva sort par la porte du fond.)

CHRISTINE, s'avançant vivement vers Arved.

Eh quoi ! c'est vous !... vous dans ces lieux !

ARVED, se rapprochant d'elle.

C'est moi ! toujours plus amoureux !

(La porte du fond se rouvre. Eva reparaît.)

CHRISTINE et ARVED, s'éloignant vivement l'un de l'autre.

Grands dieux !

EVA, à part, au milieu du théâtre, et les regardant malignement l'un après l'autre.

Ils se connaissaient tous les deux !
(Haut.)
J'ai cru qu'on m'avait rappelée !

ARVED.

Moi ! non vraiment !

CHRISTINE.

Ni moi !... ni moi !...

EVA, à part, regardant Christine.

Oui, sans qu'elle en soit désolée,
Je puis m'éloigner... je le voi !

Ensemble.

ARVED, à demi-voix, à Christine.

Beauté qui m'est chère,
Vertu trop sévère,
Je tremble et j'espère
En te revoyant !
O chère Christine,
La bonté divine
A moi te destine,
Ecoute un amant !

EVA, à part.

Oui, la chose est claire,
C'est quelque mystère
Qu'ici l'on espère
Cacher vainement !
J'ai l'oreille fine,
Je vois, j'examine,
Surtout, je devine ;
C'est là mon talent !

CHRISTINE, de même.

Amour téméraire
Qui me désespère
Et ne peut se taire !
Mon cœur est tremblant...

(Montrant Eva.)
Son oreille est fine,
Son œil examine
Et surtout devine;
Ah! c'est effrayant!

(Eva sort par le fond.)

SCÈNE IV.

ARVED, CHRISTINE.

ARVED.

Enfin, nous voilà seuls...

CHRISTINE.

Vous, monseigneur, sous ce déguisement!

ARVED.

Que je vais bénir... puisqu'il me permet de revoir celle que j'aime plus que la vie... et qui s'était dérobée à toutes mes recherches... car si vous avez quitté Copenhague, c'était pour me fuir.

CHRISTINE.

C'est vrai!

ARVED.

Quelle ingratitude! moi qui, dans l'humble mansarde où vous viviez de votre aiguille et de vos pinceaux, ne vous demandais rien que de me recevoir... moi dont le respect était si grand... que jamais je n'ai osé venir en aide à votre pauvreté!... vous me détestez donc bien?

CHRISTINE.

Peut-être!

ARVED, avec joie.

Que voulez-vous dire?

CHRISTINE.

Qu'orpheline et sans biens... je ne pouvais être votre

femme, et qu'issue d'une noble famille, j'avais le cœur trop haut placé pour écouter vos vœux... C'est pour cela, c'est pour m'éloigner à jamais de vous, que je suis venue me réfugier dans ce château, comme dame de compagnie de la comtesse Suzanne.

ARVED.

La comtesse Norby, ma belle-sœur !

CHRISTINE.

Que dites-vous ?

ARVED.

Ignorez-vous donc, ma chère Christine, qu'à la cour de Danemark, deux familles puissantes renouvellent depuis près d'un siècle les querelles des Capulet et des Montaigu ? C'est la famille Udolphe et la famille de Norby, la mienne. Pour essayer de mettre un terme à cette guerre intime et aux duels sanglants qui en étaient la suite, la cour n'avait trouvé qu'un moyen : du côté des Udolphe, il restait une brillante jeunesse en hommes... mais rien qu'une femme... notre roi ordonna qu'elle épouserait Edgard, fils aîné de l'amiral Norby, mon père, et le chef de notre famille.

CHRISTINE.

Les pères y consentirent ?

ARVED.

Non vraiment ! mais les deux jeunes gens, qui s'adoraient en secret comme Roméo et Juliette... s'empressèrent d'obéir à leur souverain... et ils s'aimaient tant que leur bonne union eut quelque influence sur celle des deux familles : plus de querelles, plus de vengeances, plus de duels, tout alla bien pendant un an, tant que dura le mariage de mon frère et de la belle comtesse. Mais il y a quelques mois ce pauvre Edgard, qui commandait un régiment danois, fut tué près de moi dans une malheureuse affaire où je fus moi-même dangereusement blessé...

CHRISTINE.

O ciel!

ARVED.

Dès ce moment la paix, ou plutôt la trêve entre les deux familles fut rompue. Je me trouvais il y a quinze jours à la cour, près d'un cousin du gouverneur, un fat qui se permit quelques plaisanteries sur l'affaire où mon pauvre frère et moi avions été battus. Je répondis par un soufflet. Mon plus jeune frère et un autre parent voulurent absolument être mes seconds, et le lendemain trois Norby tiraient l'épée contre trois Udolphe. Je tuai mon adversaire, mon frère fut blessé, et le roi, furieux, fit rendre un arrêt qui nous condamnait tous à la peine capitale.

CHRISTINE.

O mon Dieu!...

ARVED.

Vous devinez le reste!... je cherchais ainsi que mon jeune frère à passer en Suède, mais poursuivis aux environs de ce château, et séparés dans notre fuite, moi je m'étais à tout hasard réfugié dans cette pièce... puis entendant des pas...

CHRISTINE.

Vous vous êtes caché...

ARVED.

Dans cette armoire, où j'allais étouffer... lorsque vous m'avez sauvé la vie... pas pour longtemps peut-être...

CHRISTINE.

Que voulez-vous dire?...

ARVED.

Que tous nos biens sont confisqués, nos têtes mises à prix... que l'on est sur mes traces...

DUO.

CHRISTINE.

Quoi! vous êtes, monsieur, et proscrit et sans bien?

ARVED.

Oui proscrit... et sans bien !

CHRISTINE.

Ni titres, ni grandeurs... il ne vous reste rien?

ARVED.

Il ne me reste rien !

CHRISTINE, avec expansion.

Ah ! je vous aime, alors !... je vous aime !

ARVED.

Dieu ! qu'entends-je ? ô bonheur suprême !

CHRISTINE.

J'ai su longtemps braver l'orage,
D'un sort cruel j'ai supporté les coups.
Mais vous souffrez, je n'ai plus de courage,
Je ne sais plus que souffrir avec vous !
  Contre un penchant trop redoutable
  Mon cœur en vain voudrait s'armer.
Puisqu'aujourd'hui le malheur vous accable,
Loin de vous fuir, ah ! je dois vous aimer !
    Oui, c'est le bonheur même,
    De pouvoir partager
    Avec celui qu'on aime
    L'exil et le danger.

Ensemble.

ARVED.

Merci, mon bon ange,
Par qui le péril
Aujourd'hui se change
En si doux exil !
O délice extrême,
O bienheureux jour !
A mon malheur même
Je dois son amour !

CHRISTINE.

O destin étrange !

Bienheureux péril,
Qui pour nous se change
En si doux exil!
Oui, c'est lui que j'aime,
Et c'est dans ce jour
A son malheur même
Qu'il doit mon amour!

ARVED.

Quoi! loin de ma patrie...

CHRISTINE.

Je suivrai ton destin!

ARVED.

A toi donc et ma vie,
Et mon cœur et ma main!

CHRISTINE, tremblante de joie.

Que dis-tu?

ARVED.

L'honneur même
A toi doit m'engager!...
Tu l'as dit : quand on aime
On doit tout partager!

Ensemble.

ARVED.

Merci, mon bon ange,
Par qui le péril
Aujourd'hui se change
En si doux exil!
Délice suprême,
O bienheureux jour!
A mon malheur même
Je dois son amour!

CHRISTINE.

O destin étrange!
Bienheureux péril,
Qui pour nous se change
En si doux exil!

Oui, c'est toi que j'aime,
Que j'aimai toujours,
A ton malheur même
Tu dois mes amours!

(A la fin de cet ensemble, Arved embrasse Christine. En ce moment la porte du fond s'ouvre et paraît Eva qui accourt.)

SCÈNE V.

LES MÊMES; EVA, tenant un bouquet à la main.

EVA.

Mademoiselle... mademoiselle!... (S'arrêtant, et voyant Arved qui embrasse Christine; à part.) Décidément, ils se connaissaient, ou la connaissance s'est faite bien vite.

ARVED.

Qu'y a-t-il, mon enfant?

EVA, à Christine.

Voici notre maîtresse, la jeune comtesse, qui arrive...

ARVED, avec joie.

Suzanne!...

EVA, vivement.

Vous la connaissez?

ARVED.

Moi!... pas du tout.

EVA.

Mais voici le surprenant!... l'extraordinaire!... M. le gouverneur, M. le comte Udolphe, son père, qui ne met jamais les pieds en ce château...

ARVED.

Eh bien?...

EVA.

Vient de descendre de voiture, avec elle.

ARVED.

C'est fait de moi!... je m'enfuis... (Courant à la porte à gauche.) par où je suis venu.

EVA.

C'est donc vous... qui tout à l'heure... quand je disais que la porte ne s'était pas ouverte toute seule... mais de ce côté sont tous les gens de M. le comte et les vassaux de ce domaine...

CHRISTINE.

Ah! mon Dieu! où vous cacher alors! car j'entends marcher... on vient... on monte...

ARVED, montrant la porte à droite.

Ah! cette pièce...

EVA.

N'y entrez pas! c'est le cabinet de toilette de madame la comtesse.

ARVED.

Peu m'importe!

(Il sort par la porte à droite.)

SCÈNE VI.

EVA, CHRISTINE, LE COMTE UDOLPHE, tenant sous le bras un large portefeuille de maroquin, qu'il dépose sur une table à droite, LA COMTESSE SUZANNE, sa fille, VASSAUX et VASSALES, SUITE DU COMTE.

LE CHOEUR.

C'est jour d'allégresse,
C'est jour de bonheur!
(Au comte.)
Chantons Son Altesse,
Chantons sa grandeur!

LES PAYSANS, à Suzanne.

A vous sans partage
Nos vœux et nos cœurs!

EVA et LES PAYSANNES, s'adressant à Suzanne.

A vous notre hommage,
Nos fruits et nos fleurs!

LES PAYSANS, au comte.

Ce riche domaine
Ne vous voit jamais!

LES PAYSANNES, à Suzanne.

C'est là notre peine,
Ce sont nos regrets!

LES PAYSANS.

Aussi quelle ivresse
De vous recevoir!

LES PAYSANNES.

Vous garder sans cesse,
Voilà notre espoir!

LE CHOEUR.

Oui, la destinée
Comble nos désirs.
Heureuse journée,
Sois toute aux plaisirs!

(Pendant le chœur précédent, Eva a fait passer Christine près de la comtesse qui l'accueille avec bonté et la présente au comte Udolphe, son père.)

LE COMTE.

Assez, assez! j'ai besoin de repos!
(A son intendant.)
Pour reconnaître leur hommage,
Allez!... qu'on donne à mes vassaux
Le vin et le festin d'usage!

LE CHOEUR.

Vive Monseigneur!
C'est un jour d'ivresse,
Un jour de bonheur!
Chantons Son Altesse,
Chantons sa grandeur!

(Christine, Eva et les vassaux sortent.)

SCÈNE VII.

SUZANNE et LE COMTE.

SUZANNE.

Quand je venais seule dans ce vieux château, pour y ensevelir ma douleur, vous êtes bien bon, mon père, de m'y avoir accompagnée.

LE COMTE, d'un air bourru.

Bien malgré moi...

SUZANNE.

Et qui vous y forçait?

LE COMTE, de même.

Tu me le demandes...

SUZANNE.

Eh! oui... gouverneur de cette province, conseiller intime de Sa Majesté, avant-hier encore, honoré de ses confidences et de ses bonnes grâces... qui pourrait contraindre votre volonté... ou même la contrarier?...

LE COMTE.

Qui?... les Norby! toujours les Norby! cette famille que je déteste... que je voudrais et que je ne peux pas exterminer!... ce qui m'entretient dans une ébullition continuelle de colère et de vengeance.

SUZANNE.

Qui vous donne la fièvre... je le crains...

LE COMTE.

Et moi, j'en suis sûr... mais ce qui la redouble, cette fièvre... c'est de voir que loin de leur porter une haine aussi bien conditionnée que la mienne, tu les défends toujours, toi, ma fille, toi, mon sang... si tu en es... car tu ne ressembles guère à ta pauvre mère... bonne et excellente femme... qui les détestait tant... qu'elle en est morte!

SUZANNE.

Voilà ce que vous voudriez de moi !

LE COMTE.

Je ne dis pas cela... mais enfin...

SUZANNE.

Mais enfin, mon père... vous oubliez que l'époux que j'aimais et que je regrette était un Norby...

LE COMTE, avec humeur.

Celui-là... celui-là... je lui pardonne... parce qu'il n'est plus...

SUZANNE, blessée.

Mon père !...

LE COMTE.

Mais les autres... mais son frère... ce jeune Arved Norby... qui vient de tuer un des miens...

SUZANNE.

Ses biens ne sont-ils pas confisqués... n'est-il pas proscrit... fugitif?...

LE COMTE.

Je m'en flatte... c'est moi qui suis chargé de le poursuivre... et si je parviens à l'arrêter... comme le roi m'en a donné l'ordre...

SUZANNE.

Condamné... exécuté...

LE COMTE.

Si ce n'était que cela...

SUZANNE.

Et que voulez-vous de plus ?

LE COMTE.

Ce que je veux... ce n'est pas moi qui le veux... c'est le roi qui veut autre chose, et voilà ce qui me contrarie... voilà ce qui me donne un de ces accès de rage intermittente... dont je te parlais...

SUZANNE, avec joie.

O ciel! est-ce qu'il aurait sa grâce?...

LE COMTE, vivement.

Non pas! ordre de tirer dessus... à moins que... mais ce n'est pas le moment de parler de cela... il s'agit d'un autre Norby... toujours les Norby!... et celui-là est plus redoutable... c'est l'amiral.

SUZANNE.

Le père d'Edgard... mon beau-père!

LE COMTE, avec colère.

Non! notre ennemi mortel... le chef de leur famille... ah! si j'étais comme lui un homme de guerre... il y a longtemps...

SUZANNE.

Que vous auriez tiré l'épée.

LE COMTE.

Mais je ne suis qu'un homme d'État... tout ce que je puis faire... c'est de lui nuire, de le contrecarrer... de le détester sur terre et sur mer... et, dans ce moment, j'entreprends contre lui une campagne...

SUZANNE.

Comment cela?

LE COMTE.

Notre terrible adversaire, le roi de Suède, Charles XII, vient d'être tué devant Frédérickshald...

SUZANNE.

Encore un que vous haïssiez, celui-là.

LE COMTE.

Pas tant que l'autre!... il n'était que l'ennemi du Danemark, et l'amiral Norby est le mien. En apprenant la mort de leur monarque, les États de Stockholm ont appelé au trône la princesse Ulrique, sa sœur.

SUZANNE.

Eh bien?...

LE COMTE.

Eh bien!... la princesse Ulrique était en Allemagne, près du grand-duc de Hesse, son mari. Elle veut se rendre à Stockholm pour s'y faire couronner. C'est là son but. Le nôtre est de l'empêcher de rentrer dans son nouveau royaume. Or, le roi, malgré tout ce que j'ai pu lui dire, a chargé l'amiral Norby...

SUZANNE.

Mon beau-père...

LE COMTE, avec colère.

Non! notre ennemi... de se tenir en croisière avec deux vaisseaux dans le Sund, pour arrêter toute barque, chaloupe ou navire, qui tenterait le passage d'Elseneur à Helsingborg... et juge quelle mortification pour moi si l'amiral avait l'honneur de cette prise... Heureusement, des avis secrets m'ont appris, à moi, gouverneur de cette province, que la princesse Ulrique était ici près, dans les environs de Cronemborg, cachée, déguisée... attendant une occasion favorable pour tenter le passage, et quelle gloire pour moi si je conduisais captive à Copenhague la reine de Suède!... j'en mourrais de joie... et mieux encore, l'amiral en mourrait de dépit... Voilà ce qui me soutient... m'anime... et me fait établir mon quartier général dans ces ruines, dans ce vieux château d'Udolphe.

SUZANNE.

Malgré le voisinage de notre redoutable aïeule.

LE COMTE.

Quoi! quelle aïeule?...

SUZANNE.

Cette comtesse Udolphe, notre arrière-grand'tante.

LE COMTE.

Eh bien?...

SUZANNE.

Dont le portrait se détache, dit-on, de son cadre lorsque quelque malheur menace la famille.

LE COMTE.

Allons donc!...

SUZANNE.

Ce n'est donc pas vrai?

LE COMTE.

Allons donc!

COUPLETS.

Premier couplet.

Au siècle de nos bons aïeux,
Oui, l'on pouvait croire
A ce vain grimoire,
Oui, l'on pouvait croire
A la vieille histoire
De fantômes mystérieux!

Mais dans ce siècle de lumière,
Qu'un homme tel que moi
Puisse ajouter foi
A ces contes de grand'mère!
Chacun en rirait aux éclats,
Moi le premier. Je n'y crois pas,
Non, non, non, je n'y crois pas
Je n'y crois pas!

Deuxième couplet.

Que maintenant comme autrefois
Ces rêves frivoles,
Ces légendes folles,
D'une faible femme
Puissent troubler l'âme,
Vraiment, sans peine je le crois!

Mais dans ce siècle de lumière, etc.

SCÈNE VIII.

Les mêmes; EVA; puis ARVED et plus tard CHRISTINE, Vassaux et Vassales.

EVA, avec mystère.

Monsieur! monsieur!...

LE COMTE, effrayé.

Hein! qui vient là?

EVA.

Ah! vous m'avez fait peur...

LE COMTE.

Qu'est-ce qu'il y a?...

EVA.

C'est à faire dresser les cheveux sur la tête... Mon oncle Tobern...

LE COMTE, avec émotion.

Mon concierge!... Eh bien?

EVA.

Disparu!... depuis ce matin! Impossible de savoir où il est.

LE COMTE.

Je vais te le dire, moi!... au cabaret... parce que Tobern est un vieux soldat hessois... un Allemand qui boit comme un Suisse...

EVA.

Olof, le petit pâtre, l'a vu ce matin à jeun, complétement à jeun.

LE COMTE.

Ça n'est pas possible!

EVA.

Si, monsieur... au haut de l'escalier en ruines qui conduit aux souterrains du château... « Ne descendez pas, monsieur Tobern, qu'il lui a crié... ne descendez pas!... je viens de voir apparaître une lueur rougeâtre et j'ai entendu des bruits de chaînes. — J'ai mon mousquet, » a répondu mon oncle... Et il est descendu.

LE COMTE et SUZANNE, vivement.

Eh bien?...

EVA.

Eh bien!... depuis plus de quatre heures son dîner l'attend, lui qui est l'exactitude même à l'endroit de ses repas!... Voilà ce qui me fait trembler pour lui!... Il sera mort de frayeur... ça s'est vu!...

LE COMTE.

Tais-toi!...

EVA.

Cela a manqué m'arriver à moi-même, l'autre soir, dans la salle d'armes, quand j'ai vu le grand chevalier noir lever sur moi son gantelet...

LE COMTE.

Tais-toi!...

EVA.

Je l'ai vu... et si mon oncle est tombé entre ses mains... ça me fait frémir... (Lui prenant la main.) et vous aussi...

LE COMTE, avec colère.

Ça n'est pas vrai... cela ne se peut pas.

SUZANNE.

Mais s'il y avait quelque chose... cependant...

LE COMTE.

Et toi aussi... tu pourrais croire?...

SUZANNE.

Non, mon père, mais si par prudence on visitait ces ruines ?...

LE COMTE.

C'est précisément ce que je veux faire.

SUZANNE.

Vous !

LE COMTE.

Je vais écrire à Elseneur par un exprès pour qu'on nous envoie un régiment... un régiment sûr... il pourra être ici demain dans la journée... et on verra alors si nous craignons les fantômes... car j'espère bien... que tu n'en as pas plus de terreur... que moi...

SUZANNE.

Non, vraiment... pas jusqu'à présent... mais voilà des précautions qui commencent à m'en donner.

LE COMTE.

Toi, ma fille !... Allons, du courage... ne suis-je pas là?... (Montrant le fond.) chez moi... où je vais écrire...
(Il se dirige vers l'appartement à gauche, puis, sur le point d'y entrer, il se rappelle son portefeuille, qu'il a déposé en entrant sur une table à droite, et traverse le théâtre pour le prendre.)

SUZANNE, se dirigeant vers la porte à droite.

Et moi aussi je rentre...

EVA, effrayée et l'arrêtant par sa robe.

O ciel ! où allez-vous ?...

SUZANNE.

Dans mon cabinet de toilette, pour quitter cette robe de voyage.

EVA, à part.

Et le matelot qui est là... (Haut.) A votre place, madame... j'aimerais mieux ne pas changer de robe...

SUZANNE, la regardant.

Eh ! mais... qu'as-tu donc ?... te voilà toute tremblante et la figure bouleversée... Est-ce que tu voudrais aussi m'effrayer ?...

LE COMTE, à droite, et tenant le portefeuille qu'il vient de prendre.

Est-ce que tu voudrais nous effrayer ?

EVA, toute troublée.

Non, monsieur, non, madame !... mais c'est qu'il y a cette jeune demoiselle de compagnie... que vous avez vue, et qui attend vos ordres.

SUZANNE.

Eh bien !... qu'elle vienne...

LE COMTE.

Eh ! oui, sans doute, qu'elle vienne !... (Retraversant le théâtre et se dirigeant vers l'appartement à gauche.) Ne dirait-on pas que nous avons le temps de nous occuper de ses terreurs... à elle ?... on a bien assez des... des affaires d'État et autres... Je reviens, ma fille... je reviens à l'instant.

(Il sort par l'appartement à gauche.)

EVA, essayant de retenir Suzanne, qui veut entrer dans l'appartement à droite.

Au nom du ciel, madame, n'entrez pas dans ce cabinet !...

SUZANNE.

Et pourquoi donc ?

EVA.

Je vous en prie...

SUZANNE.

Allons donc !

EVA.

Je vous en supplie...

SUZANNE, après un instant d'hésitation.

Ah ! j'ai honte de ma frayeur... allons...

(Elle se précipite dans le cabinet de toilette.)

EVA, se cachant la tête dans les mains.

Ah ! le pauvre jeune homme... le malheureux jeune homme... il est perdu !

(Suzanne sort avec Arved du cabinet à droite.)

SUZANNE, à demi-voix.

Arved !

ARVED, de même.

Ma chère Suzanne !...

SUZANNE, de même.

Le frère de mon époux bien-aimé !

(Elle se jette dans les bras d'Arved qui l'embrasse. En ce moment Eva se retourne, les aperçoit, et pousse un cri.)

EVA.

Elle aussi, madame la comtesse qui embrasse le matelot ! il les embrasse donc toutes !... (On sonne.) Monsieur qui sonne !

SUZANNE.

Ciel ! mon père !

LE COMTE, sortant de l'appartement à gauche, une lettre à la main.

A Eva.

Ah ! te voilà !... Tiens, prends cette dépêche et va vite la faire partir pour Elseneur.

EVA.

Oui, monseigneur.

LE COMTE, apercevant Arved, qui est en matelot.

A moins que ce matelot... (Lui faisant signe.) Approche ! (Le regardant.) Ciel ! qu'ai-je vu !...

EVA, vivement.

Quoi ? Qu'avez-vous vu ?

LE COMTE.

Rien, rien ! Comme je te l'ai dit, porte cette lettre...

EVA.

Mais...

LE COMTE.

Mais... dépêche-toi... (Il fait sortir Eva et appelle.) Accourez tous, vous autres! (Redescendant le théâtre.) Celui que je poursuis, le comte Arved... sous ce déguisement!...

(Christine entre par le fond avec les vassaux, hommes et femmes.)

FINALE.

Ensemble.

LE COMTE, et LES PAYSANS.

Qu'à l'instant même on saisisse
Ce coupable, ce proscrit!
Car la loi veut son supplice
Et Dieu même l'a maudit!

ARVED.

Que votre ordre s'accomplisse,
Oui, c'est moi que l'on poursuit.
(Regardant le comte.)
Ah! déjà de mon supplice
Sa vengeance s'applaudit!

CHRISTINE, SUZANNE et LES PAYSANNES.

Que l'honneur, que la justice
Le protégent aujourd'hui!
(Au comte.)
A nos vœux soyez propice,
Et prenez pitié de lui!

ARVED.

La loi sur le duel, la loi qui me condamne
Veut mon trépas!

LE COMTE, frappant sur sa poche.

L'arrêt est en notre pouvoir!

ARVED, souriant, avec ironie.

Et cet arrêt cruel, dont vous êtes l'organe...

SUZANNE, au comte.

Vous l'exécuterez?...

LE COMTE.

Certes !... c'est mon devoir !

CHRISTINE, et SUZANNE.

Ah! grand Dieu!

ARVED.

Frappez donc!

LE COMTE, à Arved, avec ironie.

De stimuler mon zèle
Vous n'aurez pas besoin ! mais, en sujet fidèle,
Je dois auparavant, hélas ! et malgré moi,
Vous faire part d'un ordre écrit par notre roi !
(Tout le monde écoute et le comte tire de sa poche une lettre qu'il lit à voix haute.)

« Trop de sang a déjà coulé, et c'est avec regret que j'en « verrais répandre encore. Arved de Norby... » (S'interrompant, et le montrant aux paysans.) Que voici en notre pouvoir... (Continuant.) « son jeune frère et son cousin... » (S'interrompant.) Qui sont en fuite, mais qui ne peuvent nous échapper... (Continuant sa lecture.) « ont encouru tous trois la peine capitale... « mais j'ai le droit de grâce... » (S'interrompant, et parlant aux paysans.) C'est le roi qui parle... « et j'en use à une condi- « tion : c'est que, pour ramener entre deux familles en- « nemies le bon accord qui avait déjà régné pendant une « précédente union, Arved, second fils de l'amiral Norby, « épousera immédiatement la seule et dernière héritière de « la famille Udolphe, sa belle-sœur... »

TOUS.

O ciel!

Ensemble.

SUZANNE.

O terrible alliance
Qui trompe leur vengeance,
Et pourtant je balance
Et je frémis d'horreur !
O contrainte cruelle !

Edgard, toi que j'appelle,
Comment être infidèle
Aux serments de mon cœur !

ARVED.

Une telle clémence,
Une telle alliance
Me semblent une offense
Dont s'indigne mon cœur !
Oui, la mort que j'appelle
Me paraît moins cruelle !...
Je resterai fidèle
A l'amour, à l'honneur !

CHRISTINE.

Acceptez leur clémence,
Et par cette alliance
Sauvez une existence
Si chère à mon bonheur !...
Ah ! soyez infidèle,
Vivez ! vivez pour elle !
Arved, oubliez celle
Qui vous garde son cœur !

(Le comte et le chœur reprennent ensuite avec eux, avec force.)

LE COMTE.

O fatale clémence,
O funeste alliance
Qui trahit ma vengeance
Et qui fait son bonheur !
Il faut, sujet fidèle,
Qu'ici je renouvelle
Cette union cruelle
Dont s'indignait mon cœur !

LE CHOEUR.

O royale clémence,
O brillante alliance
Qui fait à la vengeance
Succéder le bonheur !
Pour nous, fête nouvelle,

Le plaisir nous appelle,
(Montrant Arved.)
Il donne à la plus belle
Et sa main et son cœur !

LE COMTE, à Arved.

Prononcez.

ARVED, montrant Suzanne.

Votre fille, en sa vive tendresse
Pour celui qui fut son mari,
Ne saurait accepter un hymen qui la blesse !
Regardant Suzanne.)
Elle doit refuser !... et je refuse aussi !

TOUS, avec étonnement.

Grand Dieu !

LE COMTE, avec joie.

Vous refusez !... alors donc la sentence
Aura son plein effet !

CHRISTINE, s'élançant près de Suzanne.

Ah ! ne le souffrez pas,
Madame !... il vous chérit !... sauvez-le du trépas !
Et vous, cédez, Arved, je suis heureuse, hélas !
Pourvu que vous viviez !... c'est ma seule espérance !

ARVED, s'adressant au comte.

Je suis prêt à vous suivre !

LE COMTE, avec joie.

Ah ! je n'y comptais pas !

Ensemble.

LE COMTE.

O nouvelle espérance
Qui flatte ma vengeance !
Non, non, plus d'alliance,
Ah ! pour moi, quel bonheur !
Au roi prouvant mon zèle,
J'aurai, sujet fidèle,
D'une chaîne cruelle
Évité la rigueur !

SUZANNE.

Ah! de cette alliance
Dépend son existence!
J'hésite, je balance
Et je frémis d'horreur!
O contrainte cruelle!
Edgard, toi que j'appelle,
Faut-il être infidèle
Aux serments de mon cœur?

ARVED.

Une telle clémence,
Une telle alliance
Me semblent une offense
Dont s'indigne mon cœur!
Oui, la mort que j'appelle
Me paraît moins cruelle.
Je resterai fidèle
A l'amour, à l'honneur!

CHRISTINE.

Acceptez leur clémence,
Et par cette alliance
Sauvez une existence
D'où dépend mon bonheur!
Ah! soyez infidèle,
Vivez! vivez pour elle!
Arved, oubliez celle
Qui vous garde son cœur!

LE CHOEUR.

Quand de cette alliance
Dépend son existence,
Il ose ici refuser son bonheur!
D'une épouse aussi belle
Lorsque l'amour l'appelle,
Lui, d'une mort cruelle,
Préfère la rigueur!

SCÈNE IX.

Les mêmes; EVA, accourant tout effrayée.

EVA.

O mon maître... ô messieurs... sauvez-moi... sauvez-moi!...

TOUS.

Qu'a-t-elle donc?

EVA.

Ah! je tremble d'effroi!
Au milieu des débris de la cour solitaire
Un inconnu paraît, à l'air sombre et sévère,
Et comme un envoyé, je crois, de Lucifer,
Il me tend ce billet qui vient droit de l'enfer!

TOUS.

Quel billet? quel billet?

EVA, qui ne tenait rien à la main, fouille dans son tablier.

Attendez!

(Retirant une lettre qu'elle présente en tremblant.)

Le voici!

(Tous s'éloignent.)

ARVED, s'avançant et regardant.

A mon adresse!

(Le prenant.)

Eh oui... le comte de Norby!

(Il décachète la lettre, la lit; il tressaille et témoigne la plus grande terreur.)

Juste ciel!

LE COMTE.

Qu'est-ce donc?...

ARVED, essuie la sueur qui coule de son front et remet la lettre à Suzanne.)

Tenez!

(Au comte.)

Rassurez-vous,
Monseigneur... Dieu le veut... je serai son époux !

CHRISTINE, poussant un cri de douleur.

Ah !...

SUZANNE, pâle et tremblante, rendant le billet à Arved.

J'obéis à l'ordre du destin,
Mon frère... voici ma main !

Ensemble.

EVA et LE CHŒUR.

O pouvoir magique
Et que rien n'explique !
Château diabolique,
Séjour infernal !
Oui, c'est, j'en frissonne,
Satan en personne,
Qui lui-même ordonne
Cet hymen fatal !

LE COMTE.

Changement magique
Et que rien n'explique !
Oui, c'est fantastique,
Oui, c'est idéal !
Ici, tout m'étonne,
L'esprit m'abandonne,
Chacun déraisonne
En ce lieu fatal !

ARVED.

Changement magique,
Effort héroïque
Que l'honneur indique
A mon cœur loyal !
(Regardant Christine.)
Si douce et si bonne,
Oui, je t'abandonne,
Oui, Dieu même ordonne
Cet hymen fatal !

SUZANNE.

Changement magique,
Effort héroïque
Que l'honneur indique
A son cœur loyal !
Je tremble et frissonne,
L'espoir m'abandonne,
Mais Dieu même ordonne
Cet hymen fatal !

CHRISTINE.

D'un cœur héroïque,
D'une âme stoïque
Souffrons sans supplique
Un sort sans égal !
O sainte patronne,
Oui, tout m'abandonne,
Et Dieu même ordonne
Cet hymen fatal !

LE COMTE, à Arved.

Vous refusiez ce mariage...

ARVED.

A présent... j'y dois consentir !

LE COMTE, à part.

Et je vais, ô comble de rage,
(Regardant Arved et Suzanne.)
Être obligé de les bénir !

Ensemble.

EVA et LE CHOEUR.

O pouvoir magique, etc.

LE COMTE.

Changement magique, etc.

ARVED.

Changement magique, etc.

SUZANNE.

Changement magique, etc.

CHRISTINE.
D'un cœur héroïque, etc.

(Le comte Udolphe entraîne sa fille. Christine est tombée comme évanouie sur un siége à droite. Arved qui allait s'éloigner revient près d'elle. Les paysans forment différents groupes. Eva regarde tout avec curiosité.)

ACTE DEUXIÈME

Un cloître tombant en ruines. — Au fond, à droite, une chapelle dont on ne voit que les vitraux ; au fond, à gauche, la vue du détroit du Sund. A droite, sur le premier plan, un perron élevé de plusieurs marches, conduisant à des appartements du château. Au milieu du théâtre, une colonne brisée, derrière laquelle on aperçoit les premières marches d'un escalier conduisant dans des souterrains.

SCÈNE PREMIÈRE.

Matelots, entrant en désordre, et appelant leurs camarades.

LE CHOEUR.

Accourez par ici !... de notre long voyage,
Camarades, voici la fin !
Par nos chansons, saluons le rivage,
En avant le chant du marin !

Dès que souffle le vent,
Partir à toutes voiles
Sur la foi des étoiles
Qui nous trompent souvent !
Sur nous quand vient l'orage
Chanter sans nul souci ;
Quand le combat s'engage,
Narguer notre ennemi !

Oui, oui, telle est l'histoire
De tout brave marin.

Chanter, combattre et boire,
C'est là tout son destin!

Bientôt chacun s'écrie :
Voici dans le lointain
Les champs de la patrie,
Pour nous transport divin!
Terre, terre... voici la terre!
Du vin, du vin, du vin!
Avec ardeur vider son verre plein,
Puis le remplir, c'est notre seule affaire!
Terre, terre, voici la terre!...
Du vin, du vin, du vin !

Telle est l'existence
Du brave marin!
Toujours l'espérance,
Jamais de chagrin!
Du vin, du vin, du vin!
(Apercevant l'amiral.)
Silence, amis, faisons silence,
Voici l'amiral qui s'avance!

SCÈNE II.

LES MÊMES; L'AMIRAL NORBY.

AIR.

NORBY paraît, plongé dans la tristesse.
De trois généreux fils, appui de ma vieillesse,
L'un a perdu la vie au milieu des combats!
Les autres, que proscrit une loi vengeresse,
Pourront-ils, par la fuite, échapper au trépas?
Dieu m'a puni d'avoir, en ma faiblesse,
Uni mon sang au sang d'un ennemi.
Le plus cher de mes fils, n'est plus!... Dieu m'a puni!

Toi qui trop tôt cessas de vivre,
Fleur naissante, morte au printemps,

Au tombeau tu devais me suivre,
Mon fils !... et c'est toi qui m'attends !
Mon enfant, c'est ta main si chère
Qui devait fermer ma paupière,
Oui, tu devais me suivre, et c'est toi qui m'attends !

Un seul espoir me reste,
Et dans mon sort funeste,
Au milieu des combats,
Honneur, guide mes pas !
Sur la vague en furie,
Je veux, risquant ma vie,
Mourir pour mon pays
Et pour venger mon fils !

D'une souffrance aussi cruelle
La gloire seule peut guérir,
Et la mort est toujours fidèle
A qui veut bien la conquérir !

C'est l'espoir qui me reste,
Et dans mon sort funeste,
Au milieu des combats,
Honneur, guide mes pas !
Sur la vague en furie
Je veux, risquant ma vie,
Mourir pour mon pays
Et pour venger mon fils !
O mon fils !
O mon pays !
Braver pour vous les boulets ennemis,
Ce noble espoir... m'est encore permis...
O mon fils !
O mon pays !

LE CHOEUR.

Oui, pour venger son fils,
Pour servir le pays,
A ses ordres soumis,
Nous braverons les boulets ennemis !

NORBY, aux matelots.

Retirez-vous, mes amis. Le roi m'ordonne de m'entendre avec le gouverneur de cette province, le comte Udolphe, qui habite ce château; attendez-moi près des chaloupes qui nous ont amenés.

(Les matelots sortent.)

SCÈNE III.

NORBY, puis CHRISTINE.

NORBY.

C'est donc ici le domaine du mortel ennemi de notre famille!... il ne fallait pas moins que l'ordre exprès du roi... pour me décider à en franchir le seuil!... (Regardant autour de lui.) C'est chez lui... comme chez moi... partout des ruines! la haine ne produit rien de bon... si ce n'est le bonheur de haïr... bonheur que je n'ai jamais mieux senti... que dans ces lieux... c'est dans l'air sans doute! (Se dirigeant vers le perron à droite.) Allons... entrons! (Voyant Christine qui entre.) Une jeune fille qui pleure... (A Christine.) Est-ce que vous êtes de la famille Udolphe?

CHRISTINE.

Non, monsieur...

NORBY.

Tant mieux! cela me fait peine alors que vous pleuriez... (Brusquement.) Pourquoi pleurez-vous?...

CHRISTINE, étonnée.

Mais, monsieur..,

NORBY, de même.

Pourquoi pleurez-vous? je vous le répète!

CHRISTINE, de même.

Une pareille demande...

NORBY.

Signifie tout uniment que si je peux vous apporter secours ou consolation... me voilà. Un marin n'y fait pas tant de façons... quand il s'agit de rendre service...

CHRISTINE.

Ah! merci... monsieur le marin...

NORBY.

A la bonne heure... c'est mieux! si donc vous avez des chagrins... dépêchez-vous... car je suis pressé... et dites-les-moi... à moins qu'il ne s'agisse de chagrins d'amour... auquel cas... je vous déclare que je n'y entends rien!...

CHRISTINE.

C'est que justement, monsieur... c'est ça...

NORBY.

Ah! c'est jouer de malheur... (D'un ton plus doux.) Pauvre jeune fille, qui êtes-vous?

CHRISTINE.

Orpheline! mon père était un marin comme vous... et il a été emporté par un boulet de canon...

NORBY.

Diable! voilà des titres... et son nom?...

CHRISTINE.

Le capitaine Gillenstiern...

NORBY.

Qui a servi... sous moi... qui a été tué... à mes côtés.. Quelque chose me disait que nous n'étions pas étrangers l'un à l'autre... vous voyez bien que vous aviez tort de pleurer... que vous aviez des amis... une famille...,

CHRISTINE.

Moi, pauvre orpheline...

NORBY, brusquement.

Vous ne l'êtes plus!

CHRISTINE.

Que dites-vous?

NORBY, de même.

Vous ne l'êtes plus... je vous doterai... je vous marierai à celui que vous aimez.

CHRISTINE.

Ce n'est pas possible...

NORBY.

Je vous dis que ce sera!... vous me tiendrez lieu de fille... je n'en ai jamais eu... je n'ai que des fils... si toutefois... il m'en reste encore! deux vaillants jeunes gens... solides à l'abordage et braves... comme ma hache d'armes... Mais ce n'est pas d'eux qu'il s'agit... c'est de vous! et de votre amoureux qui n'a pas de fortune...

CHRISTINE.

Si, monsieur... mais il en épouse une autre.

NORBY.

Il ne vous aime donc pas?

CHRISTINE.

Oh! si, monsieur!

NORBY.

C'est donc vous?

CHRISTINE, vivement.

Oh! non, monsieur!

NORBY.

C'est qu'alors vous êtes brouillés?

CHRISTINE.

Au contraire! il ne voulait pas m'abandonner... c'est moi qui l'en ai supplié... et quand il y a consenti... j'en ai été désolée... voilà la vérité.

NORBY.

Je vous ai prévenue, mon enfant, que d'ordinaire je n'y comprenais rien, et aujourd'hui moins que jamais... cela augmente sans doute avec l'âge... nous y reviendrons plus tard, un mot seulement : vous êtes ici... chez M. le comte Udolphe ?

CHRISTINE.

Dame de compagnie de sa fille... depuis ce matin. (Vivement.) Mais je ne veux pas rester dans cette maison.

NORBY, vivement.

Bien! (A part.) Cette fille a quelque chose en elle... qui m'attire et qui me charme... (Haut.) Je vous emmènerai avec moi... mais puisque vous êtes encore de la maison... ne pouvez-vous me faire parler à M. le comte?

CHRISTINE.

C'est difficile, car aujourd'hui il marie sa fille...

NORBY.

Sa fille... la veuve du jeune comte Edgard de Norby, qu'elle adorait ?

CHRISTINE.

Oui, monsieur...

NORBY.

Et elle se remarie... aujourd'hui ?

CHRISTINE.

Dans une heure...

NORBY.

Croyez donc à l'amour des femmes, et à la douleur des veuves!... mais c'est juste... c'est une Udolphe... et qui épouse-t-elle?...

CHRISTINE.

Un bien brave... et bien noble jeune homme.

NORBY.

Allons donc!...

CHRISTINE.

Arved Norby... le second fils... de l'amiral...

NORBY.

Arved!...mon fils...

CHRISTINE.

Quoi, monsieur, vous seriez...

NORBY, sans l'écouter.

Mon fils... épouser la veuve de son frère !

CHRISTINE.

Permettez !...

NORBY, de même.

Entrer dans cette famille détestée...

CHRISTINE.

Le roi le veut.

NORBY.

Et que m'importe, morbleu !... (A Christine.) Laissez-moi !... laissez-moi... vous dis-je ! ce mariage ne se fera pas... car me voici... j'arrive... (Se retournant vers Christine, avec colère.) Est-ce que vous ne m'avez pas entendu ?

CHRISTINE, avec joie.

Si, mon bon monsieur !

NORBY.

Eh bien ! je vous le conseille, partez... allez-vous-en !

CHRISTINE, à part.

Quel bonheur qu'il y ait des marins dans le monde !

NORBY.

Car une fois que je suis en colère...

CHRISTINE, de même.

Ah ! quel brave homme !

NORBY.

Il faut que cela tombe sur quelqu'un... (Poussant un cri de joie.) Monsieur le comte Udolphe !... le ciel me l'envoie... c'est ma première chance d'aujourd'hui.

(Christine sort.)

SCÈNE IV.

NORBY, LE COMTE.

LE COMTE, levant les yeux.

Monsieur l'amiral Norby, chez moi!...

NORBY.

Cela vous étonne, monsieur le comte?

LE COMTE.

Je vous attendais. Une lettre du roi m'a prévenu de votre arrivée et m'ordonne de vous faire un accueil gracieux... j'ai toujours obéi aux ordres du roi.

NORBY, brusquement.

Quant à moi, monsieur, le roi ne m'a rien ordonné à cet égard, et je suis maître d'agir à ma guise.

LE COMTE.

Comme vous voudrez... Nous devons nous entendre... si c'est possible, sur les moyens d'arrêter la princesse Ulrique et sa suite et de les empêcher, vous par mer et moi par terre... d'aborder la côte de Suède.

NORBY.

Expédition la plus facile du monde... et dont la réussite est certaine... si vous ne vous en mêlez pas!

LE COMTE, avec colère.

Qu'est-ce à dire?...

NORBY.

Si vous me laissez faire... Mais ce n'est pas de cela qu'il s'agit entre nous... vous mariez, dit-on, votre fille?...

LE COMTE.

Le roi l'ordonne.

NORBY.

A mon fils Arved?

LE COMTE.

Hélas! oui!... il y a dans les familles des malheurs auxquels il faut bien se résigner, et votre fils lui-même l'a compris... puisqu'il consent...

NORBY.

Lui!... mais me voici, monsieur... et comme-père, je m'oppose à ce mariage.

LE COMTE, avec joie.

Est-il possible!

NORBY.

Dût Sa Majesté me priver de mon titre, de mon grade et de mes emplois... je ne consentirai jamais à une seconde union entre nos deux familles... c'était assez d'une première.

LE COMTE.

C'était trop! Ainsi, monsieur l'amiral, c'est de vous que vient l'opposition?

NORBY.

Formelle.

LE COMTE.

Je peux l'écrire au roi?

NORBY.

Oui, monsieur.

LE COMTE.

Et vous signerez la lettre?...

NORBY.

A l'instant!

LE COMTE.

Et rien ne vous fera changer?...

NORBY.

Vous devez savoir, monsieur, que je ne change jamais.

LE COMTE.

C'est que votre fils Arved refusait aussi d'abord!

NORBY.

Il avait raison!

LE COMTE.

Et puis il a soudain fléchi...

NORBY.

Je le déshérite.

LE COMTE.

Et s'est empressé de consentir...

NORBY.

Je lui donne ma malédiction!

LE COMTE.

En recevant la nouvelle officielle que son jeune frère... venait d'être arrêté.

NORBY.

O ciel!

LE COMTE.

Et comme il y a peine de mort contre lui...

NORBY.

Et contre mon fils Arved... mes deux fils... mes deux enfants... tout perdre à la fois!... (Vivement.) Le roi n'y consentira pas!

LE COMTE.

Le roi consentait à commuer la peine... en ce mariage, mais, grâce au ciel, vous ne voulez pas entendre parler d'union entre nous.

NORBY, vivement.

Non certes, plutôt mourir.

LE COMTE.

Je n'ai pas le droit de vous en empêcher.

NORBY, de même.

Plutôt mourir moi-même!

LE COMTE.

Mes vœux n'allaient pas si loin... et ne rêvaient pas l'extinction de toute la famille.

NORBY, se contenant à peine.

Monsieur!...

LE COMTE.

Il me suffit pour ma satisfaction personnelle de voir rompre d'une manière aussi avantageuse un mariage qui me désespérait.

NORBY, vivement.

Il vous désespérait?

LE COMTE.

Encore plus que vous.

NORBY, avec joie.

Il vous désespérait!... c'est différent... j'y consens alors

LE COMTE.

Vous, monsieur!

NORBY.

Je l'accepte, et de grand cœur!

LE COMTE.

Vous qui ne changez jamais...

NORBY.

Vous dites vrai... je ne change pas dans ma haine... elle est toujours la même.

COUPLETS.

Premier couplet.

LE COMTE.

S'il en est ainsi, ma fille
Obtient votre agrément!

NORBY.

Nous vivrons en famille
Tout en nous détestant!

18.

LE COMTE.
Cette union prospère...

NORBY.
Ne change rien pour nous!

LE COMTE.
Cet hymen, au contraire...

NORBY.
Doublera mon courroux!

LE COMTE.
Comme autrefois encor...

NORBY.
Et d'un commun accord...

LE COMTE.
Chacun se haïra.

NORBY.
Et se détestera.

LE COMTE.
L'un à l'autre on fera...

NORBY.
Tout le mal qu'on pourra!

LE COMTE.
Touchez là!

NORBY.
Touchez là!

LE COMTE.
Touchez là!

NORBY.
Touchez là!

LE COMTE et NORBY.
Vive la haine
Qui nous enchaîne!
Chacun la sienne!
C'est un plaisir

De se comprendre
D'un cœur si tendre,
Et de s'entendre
Pour se haïr!

Deuxième couplet.

LE COMTE, d'un air gracieux.

Si, près de notre prince
Je puis vous desservir...

NORBY, de même.

Si de cette province
Je pouvais vous bannir...

LE COMTE.

Comptez sur tout mon zèle.

NORBY.

Sur moi, sur mon crédit.

LE COMTE.

Et si l'on vous rappelle...

NORBY.

Et si l'on vous bannit...

LE COMTE.

D'avance vous saurez...

NORBY.

Et vous devinerez...

LE COMTE.

D'où cela vous viendra!

NORBY.

Car on se haïra...

LE COMTE.

L'un à l'autre on fera...

NORBY.

Tout le mal qu'on pourra!

LE COMTE.

Touchez là,
Touchez là!

NORBY.

Touchez là,
Touchez là!

LE COMTE et NORBY.

Vive la haine
Qui nous enchaîne!
Chacun la sienne!
C'est un plaisir
De se comprendre
D'un cœur si tendre,
Et de s'entendre
Pour se haïr!
Oui, je te hais, je te hais, je te hais,
Et pour jamais!
Et ce sentiment-là
Jamais ne changera!

(Se donnant la main.)

Touchez là, touchez là, touchez là!

SCÈNE V.

LES MÊMES; CHRISTINE, au fond du théâtre.

CHRISTINE, à part, stupéfaite.

O ciel! ils se donnent la main!

LE COMTE.

Dans un instant, à la chapelle.

NORBY.

Je vous y rejoins.

(Le comte sort.)

CHRISTINE, de même.

Croyez donc aux marins et à leur colère!... (Haut et timidement.) Et ce mariage que vous refusiez?...

NORBY.

Mon refus l'eût rendu trop heureux, mon refus me coûtait

mes deux enfants, que le même arrêt de mort allait frapper...
Je ne pouvais pas lui laisser ce bonheur-là.

CHRISTINE, poussant un cri.

C'est juste! M. Arved!... vos deux fils... ah! vous avez bien fait de consentir... Il vous attend à la chapelle... allez, monsieur... allez!

NORBY.

Ah! c'est bien malgré moi... car, au lieu de contracter encore alliance avec cette famille que je déteste! j'aurais mieux aimé, je crois... j'aurais mieux aimé cent fois voir mon fils vous épouser.

CHRISTINE, hors d'elle-même.

Moi!...

NORBY.

Vous! orpheline et sans fortune! mais fille d'un brave et ancien ami... (Regardant Christine.) Eh bien! qu'avez-vous donc?... est-ce que vous vous trouvez mal?

CHRISTINE.

Pardon, monsieur... si vous saviez tout ce que je souffre!...

NORBY.

A cause de cette passion malheureuse dont vous me parliez... Ne craignez rien... vous n'aurez pas perdu pour attendre... dès que le mariage sera célébré, et ce ne sera pas long... je reviens vous prendre et vous emmène avec moi... parce que, je vous l'ai dit... je veux que rien ne vous manque... je veux que vous soyez contente... que vous soyez heureuse... Moi, c'est différent... (Avec humeur.) je vais à la chapelle... (La montrant à droite.) car, vous voyez à travers ces vitraux qu'on vient de l'éclairer... Adieu, mon enfant, adieu, ma fille!

(Il sort.)

SCÈNE VI.

CHRISTINE, seule, regardant Norby qui s'éloigne.

AIR.

Ah! malgré ses bontés, plus de bonheur pour moi!
Déjà pour leur hymen l'église est préparée!
(Regardant la chapelle.)
A ta nouvelle épouse, Arved, et malgré toi,
Tu vas donner la foi que tu m'avais jurée!
(On entend au dehors une musique religieuse.)
Il n'importe... prions pour lui!
(Elle se met à genoux.)
Et que par moi son hymen soit béni!

Au prix du bonheur de ma vie,
Dieu puissant, exauce mes vœux!
Auprès d'une autre qu'il m'oublie!
Qu'il m'oublie!... et qu'il soit heureux!
Puissé-je, n'étant pas sa femme,
Bannir un si doux souvenir!
(Vivement.)
Non, non... j'aime mieux en mon âme
Le garder!... dussé-je en mourir!
Au prix du bonheur de ma vie,
Dieu puissant, exauce mes vœux!
Auprès d'une autre qu'il m'oublie!
Qu'il m'oublie!... et qu'il soit heureux!
(Elle tombe sur une pierre près de l'escalier en ruines qui est au milieu du théâtre.)
Qu'entends-je? quel est ce prodige?
La terre a frémi sous mes pas!

UNE VOIX SOUTERRAINE.

Espère!... cet hymen ne s'accomplira pas!

CHRISTINE.

L'ai-je bien entendu? n'est-ce pas un prestige?

LA VOIX SOUTERRAINE.

Je l'ai dit, cet hymen ne s'accomplira pas!

CHRISTINE.

O toi qui vois ma peine,
Mon trouble et ma frayeur,
Puissance souterraine
Qui consoles mon cœur,
Faut-il d'un doux mensonge
Écouter le conseil?...
Ou bien n'est-ce qu'un songe
Qui va fuir au réveil?
(Écoutant près de l'escalier.)
Est-ce ma raison affaiblie
Qui m'abuse... et fait sous mes pas
Retentir la voix qui me crie...

LA VOIX SOUTERRAINE.

Non, cet hymen ne s'accomplira pas!

CHRISTINE.

O toi qui vois ma peine,
Mon trouble et ma frayeur,
Puissance souterraine
Qui consoles mon cœur!
A ta voix je me fie,
Et fût-elle une erreur,
Je crois à la magie
Qui promet le bonheur!

SCÈNE VII.

CHRISTINE, EVA.

CHRISTINE.

Ah! te voilà!

EVA.

Entendez-vous ce bruit?... on sort de la chapelle.

CHRISTINE, avec joie.

C'est vrai !... un événement imprévu est venu troubler la cérémonie, n'est-ce pas ?...

EVA, étonnée.

Que dites-vous ?

CHRISTINE.

Et interrompre... ce mariage ?

EVA.

Mais du tout...

CHRISTINE, tremblante.

Ce n'est pas possible...

EVA.

J'y étais...

CHRISTINE, de même.

Eh bien ! donc, achève...

EVA.

Ils sont mariés... bien mariés... rien n'y manque !

CHRISTINE, poussant un cri et tombant sur une pierre à droite.

Ah ! c'est fait de moi... je deviendrai folle ! un songe m'abusait... tout éveillée...

EVA.

Quel songe ?...

CHRISTINE.

Là... près de cet escalier en ruine...

EVA.

Qui conduit aux souterrains... toujours ces maudits souterrains...

CHRISTINE.

Des voix mystérieuses m'ont répété plusieurs fois que ce mariage ne s'achèverait pas.

EVA.

Vous en êtes bien sûre ?

CHRISTINE.

Je crois les entendre encore...

EVA.

Ah! que vous devez avoir eu peur!

CHRISTINE, avec naïveté.

Oh! non, au contraire...

EVA, avec impatience.

Et ne pouvoir rien savoir... rien deviner!... (S'approchant de l'escalier en ruine.) C'était là... près de l'escalier?...

CHRISTINE, toujours assise sur une pierre à droite et absorbée dans sa douleur.

Eh oui... te dis-je!

EVA, plongeant du regard.

Qui descend... dans ce souterrain infernal!...

(En ce moment on voit apparaître la tête et puis le corps d'un homme qui monte les degrés de l'escalier. Eva, glacée d'épouvante, reste immobile et sans pouvoir crier. L'inconnu ouvre le manteau blanc qui le couvre, lui fait signe de la main de rester où elle est, de se taire et de ne pas le suivre. Puis il disparaît vers la gauche du côté de la mer. Eva, se soutenant à peine, traverse le théâtre en chancelant, et vient, pâle d'effroi, tomber sur la pierre à côté de Christine. Tout cela s'est fait sur une ritournelle de musique qui cesse en ce moment.)

EVA, à voix basse et tremblante.

Ma... demoiselle...

CHRISTINE.

Eh bien! qu'as-tu donc... à ton tour?...

EVA.

Mademoiselle... je viens de voir... le fantôme... de mon oncle Tobern...

CHRISTINE.

Allons donc!...

EVA.

S'élever de ce souterrain, où il aura été tué, et c'est son ombre qui revient.

CHRISTINE.

Tu es comme moi... sous l'empire de quelque illusion...

EVA.

Je l'ai vu... je l'ai bien reconnu... il m'a ordonné d'un geste menaçant... de ne pas le suivre... et surtout de ne pas crier... recommandation inutile! j'aurais voulu parler que je n'aurais pas pu, tant ma langue était attachée à mon palais par la frayeur que j'éprouvais et que j'éprouve encore, mais qui heureusement se dissipe.

CHRISTINE.

Je m'en aperçois!... Mais qui te dit que tu n'as pas vu ton oncle Tobern lui-même?...

EVA.

Tiens, c'est vrai! Au fait, il avait le teint bien coloré pour un fantôme, et s'il n'est pas mort, si, comme vous le dites, il sort de ce souterrain, s'il en sort vivant, il doit savoir ce qui s'y est passé, ce qui s'y passe, et alors je m'y prendrai si bien qu'il faudra qu'il parle et qu'il me dise tout!... (S'élançant vers la gauche.) Soyez tranquille!...

(Elle sort.)

CHRISTINE.

Mais écoute donc... (Se retournant.) Dieu! Arved!

SCÈNE VIII.

CHRISTINE, ARVED, entrant par la droite.

ARVED.

Christine!... écoutez-moi!
Pour ne pas laisser mon père
Sans soutien et sans enfants,
Pour sauver mon jeune frère,
J'ai trahi tous mes serments!

CHRISTINE.

Je vous approuve et dois me taire!...

Mais de grâce, laissez-moi!
L'hymen qui vous engage a dégagé ma foi!

CAVATINE.

ARVED.

D'un arrêt sévère
J'accepte la loi,
Mais malgré ta colère
Mon cœur est à toi!
Ah! tu voudrais en vain
Me rendre ici ma foi,
Une autre aura ma main,
Mais mon cœur est à toi!

D'un arrêt sévère, etc.

SCÈNE IX.

Les mêmes; NORBY.

NORBY, descendant du château par la droite. Avec humeur.

Allons, tout est terminé! Sortons de ce château maudit!

SCÈNE X.

Les mêmes; EVA et LE COMTE, venant de la droite.

EVA, entrant en parlant avec le comte.

Oui, monseigneur, c'est comme je vous le dis, avant que j'aie pu le rejoindre... les matelots de l'amiral Norby venaient de l'arrêter!

NORBY, s'arrêtant.

Arrêter!... et qui donc?...

EVA.

Mon oncle Tobern...

LE COMTE.

Le concierge de mon château...

NORBY.

Où était-il?

EVA.

Dans une chaloupe, qu'il venait de détacher du rivage.

NORBY.

On a eu raison...

LE COMTE.

Comment?...

NORBY.

J'avais donné l'ordre formel de saisir toutes les embarcations qui tenteraient de traverser le Sund.

LE COMTE.

Mais, montée par un de mes serviteurs...

NORBY.

Peu m'importe!... pourquoi se hasarder dans cette chaloupe... dans quel but... dans quel dessein?... Je vais l'interroger.

EVA.

Je ne vous le conseille pas.

NORBY.

Et pourquoi?

EVA.

Vous perdriez votre temps! vos matelots l'accablaient de questions... et moi aussi... car c'était bien lui... mon oncle, mon bon oncle, que j'avais cru mort... parce que depuis ce matin il était perdu dans les souterrains du château...

LE COMTE.

Eh bien?...

EVA.

Eh bien!... il parait qu'il y a vu des choses si épouvantables... qu'il en est devenu muet... de peur... et pourtant vous savez s'il est brave!

NORBY.

Allons donc!...

EVA.

Il nous a fait signe à tous qu'il en avait perdu la parole.

NORBY.

Je le ferai parler, moi! ou... fusillé!

LE COMTE.

Un de mes gens!

NORBY.

Raison de plus! ils doivent donner l'exemple de l'obéissance... (A Christine.) Pardon, mon enfant, de vous quitter... des devoirs à remplir, des ordres à donner... j'entends que nos chaloupes à nous explorent et surveillent la côte (Au comte Udolphe.) et s'il y a dans ces rochers ou dans les ruines de ce vieux manoir des pirates ou des contrebandiers cachés, nous vous en rendrons bon compte!... (A Christine.) Après cela je reviens vous prendre... et faire mes adieux aux mariés... (A Arved.) Aussi bien, voici tous les vassaux de M. le comte, qui viennent vous adresser leurs félicitations... (Avec humeur.) Je m'en vais.

(Il sort.)

EVA.

Ah! mon Dieu! et la chambre nuptiale que je devais préparer... j'y cours.

(Elle monte le perron à droite.)

CHRISTINE, à part.

O ciel!

SCÈNE XI.

FINALE.

CHRISTINE, LE COMTE, ARVED, Vassaux, Gens du
CHATEAU, dont plusieurs entrent en donnant du cor.

LE CHOEUR.
A cette illustre alliance
Entre deux nobles maisons,
Qu'ici président la danse,
Les festins et les chansons !

ARVED, à part.
Destinée horrible et fatale...
(Montrant le perron à droite.)
Là mon devoir !
(Regardant Christine.)
Là mon bonheur !
(S'approchant de Christine.)
Christine !...

CHRISTINE.
Laissez-moi ! la chambre nuptiale
Vous attend, monsieur !

ARVED, à part.
O douleur !

LE CHOEUR.
A cette illustre alliance
Entre deux nobles maisons,
Qu'ici président la danse,
Les festins et les chansons !
Tra, la, la, la, la, la, la, la !

(On danse.)

JEUNES FILLES, descendant du perron à droite et s'adressant à Arved.
Voici l'heure fortunée
Qu'espérait le jeune époux,

En silence l'hyménée
Vous attend au rendez-vous !

CHRISTINE, à part.

O désespoir !

LE COMTE, à Arved qui hésite et regarde Christine.

Vous l'entendez... partez !

ARVED, à part.

Ah ! je ne puis !

LE COMTE et LE CHOEUR.

Partez donc !

SCÈNE XII.

LES MÊMES ; Arved a fait quelques pas à droite, EVA, paraît, pâle et tremblante, sur le haut du perron.

EVA.

Arrêtez !

TOUS, s'adressant à Eva.

Qu'avez-vous ?... qu'est-ce donc ?...

EVA.

Événement terrible,
La comtesse...

TOUS.

Achevez !...

EVA.

La comtesse... à l'instant...

TOUS.

Eh bien ?...

EVA.

A disparu de son appartement !

TOUS.

O ciel ! est-il possible !

(Le comte monte vivement les marches du perron. Arved s'est éloigné de Christine dont Eva vient de se rapprocher.)

Ensemble.

ARVED.

O surprise! ô miracle!
Dois-je, hélas! en mon cœur,
Maudire ou non l'obstacle
Qui cause mon malheur?
Non, je ne dois entendre
Que la voix de l'honneur,
C'est à moi de défendre
Mon amie et ma sœur!

LE CHŒUR.

O surprise! ô miracle!
O magie! ô terreur!
Et quel nouvel obstacle
S'oppose à son bonheur?
Oui, d'un pareil esclandre
Satan seul est l'auteur,
Et comment se défendre
De l'enfer en fureur!

EVA et CHRISTINE.

Oui, la voix de l'oracle
N'était point une erreur!
Grâce à lui, cet obstacle
S'oppose à son malheur!
C'est à n'y rien comprendre!
(Montrant Arved.)
Et cependant l'honneur
Lui prescrit de défendre
Son amie et sa sœur!

CHRISTINE.

Oui, la voix de l'oracle
N'était point une erreur!
Grâce à lui cet obstacle
S'oppose à mon malheur!
C'est à n'y rien comprendre!

(Montrant Arved.)
Et cependant l'honneur
Lui prescrit de défendre,
Son amie et sa sœur.

ARVED, à Eva.

Suzanne!... est-il donc vrai?...

EVA.

Son malheur est certain,
Dans la chambre déserte,
Sous le lit nuptial une trappe entr'ouverte
L'a soudain engloutie, en ce noir souterrain
(Montrant l'escalier du milieu.)
Dont vous voyez l'entrée...

ARVED.

Ah! je cours sur sa trace,
Mon devoir est de la secourir,
C'est ma sœur... et je dois... la sauver ou mourir!

CHRISTINE.

Y pensez-vous?... et quelle audace!

EVA.

Craignez, monsieur...

ARVED.

Je ne crains rien!

CHRISTINE.

Pensez à vos dangers...

ARVED.

Je ne pense qu'au sien.
Il n'est point de péril, lorsque l'honneur nous guide!
(S'adressant aux paysans et aux gens du château.)
Qui de vous veut suivre mes pas?

LES PAYSANS, reculant d'effroi.

Ce n'est pas moi... Ni moi... Non, non, je n'irai pas!
Satan lui-même en ces caveaux réside.
Ce n'est pas moi... Ni moi... Non, non, je n'irai pas!

19.

ARVED.
Eh bien... j'irai donc seul!

CHRISTINE.
D'effroi je vais mourir,
Ignorant les dangers que vous allez courir!

ARVED.
Ah! même absent... de vous, je puis me faire entendre!
(Prenant un cor des mains d'un des piqueurs du château.)
Et les sons de ce cor
Du fond de ces caveaux, de loin vont vous apprendre
Quel sera mon sort!
(Il s'élance dans le souterrain. Tous se mettent à genoux. Prière à demi-voix, accompagnée par les sons du cor, qui vont toujours en diminuant.)

LE CHŒUR.
O toi, Notre-Dame-de-Grâce,
Sainte Vierge, veille sur lui!
Qu'il triomphe par son audace
Des dangers qu'il brave aujourd'hui!
(Le cor cesse de se faire entendre. Christine s'élance à l'entrée du souterrain.)

CHRISTINE.
Grand Dieu! ce silence me glace!

LE CHŒUR, écoutant.
Nous n'entendons plus rien... non, rien...

CHRISTINE.
C'est fait de lui!
(Le cor se fait entendre de nouveau.)
Ah! je l'entends encor... mon Dieu, soyez béni!
(Reprise de la prière.)

LE CHŒUR.
O toi, Notre-Dame-de-Grâce, etc.
(Le cor cesse de nouveau de se faire entendre.)

TOUS, se penchant l'oreille contre terre.
L'entends-tu?

L'entends-tu ?
Non, non... plus rien !

CHRISTINE, poussant un cri.

Il est perdu !

TOUS.

Ah !...

(Tout le monde se relève en poussant ce dernier cri. Christine est tombée évanouie sur un rocher.)

ACTE TROISIÈME

L'oratoire du château. — Porte au fond, deux portes latérales.

SCÈNE PREMIÈRE.

CHRISTINE.

ROMANCE.

Premier couplet.

Ah! dans ma douleur mortelle,
A qui donc avoir recours?
Je l'attends!... et je l'appelle,
Et je tremble pour ses jours!
(S'arrêtant, avec effroi.)
Ah! qu'ai-je dit?... quel blasphème!
Qu'ai-je dit?... celui que j'aime
Avec une autre est uni!
Tais-toi, mon cœur!... tais-toi! tu n'as plus même
Le droit de veiller sur lui!
Non, non, je n'ai plus même
Le droit de veiller sur lui!

Deuxième couplet.

Toi, du moins, toi que je prie!
Mon Dieu, viens à son secours!
Daigne veiller sur sa vie,
Du danger défends ses jours!
Ah! qu'ai-je dit?... quel blasphème!

Qu'ai-je dit?... celui que j'aime
Avec une autre est uni!...
Tais-toi, mon cœur!... tais-toi! tu n'as plus même
Le droit de prier pour lui!
Non, non, je n'ai plus même
Le droit de prier pour lui!

SCÈNE II.

CHRISTINE, EVA.

CHRISTINE.

Ah! Eva, ma chère Eva... je meurs d'inquiétude!... a-t-on des nouvelles de M. le comte Arved?

EVA.

Aucune!

CHRISTINE.

Toujours dans ces horribles souterrains?

EVA.

Toujours!

CHRISTINE.

Et personne n'ose y descendre après lui, pour aller à son secours?...

EVA.

Personne! l'amiral est retourné à son bord et ne se doute pas des dangers que court son fils.

CHRISTINE.

Mais, M. le comte Udolphe?

EVA.

Lui!... vu l'amitié qu'il porte à son gendre, il serait ravi de voir sa fille veuve une seconde fois...

CHRISTINE.

Mais sa fille... sa fille elle-même... enlevée sous ses yeux et au milieu de nous...

EVA.

C'est bien là ce qui l'effraie... pour elle... et aussi pour lui! il ne se croit plus en sûreté dans ce château, et vient d'envoyer un second courrier, pour hâter l'arrivée du régiment qu'il attend d'Elseneur, mais il y a loin d'ici...

CHRISTINE.

Et pendant ce temps Arved... je veux dire M. le comte Arved...

EVA.

Ne craignez rien! vous pouvez, devant moi, lui manquer de respect...

CHRISTINE.

Conçois-tu rien à un pareil mystère?

EVA.

Non! (A demi-voix.) Mais dans une heure je saurai tout!

CHRISTINE.

Est-il possible! quel bonheur!

EVA.

Pas du tout... c'est là maintenant... ce qui m'inquiète et me tourmente... j'ai bien envie de savoir... et pourtant... j'aimerais mieux ne rien apprendre...

CHRISTINE.

Qu'est-ce que cela signifie?

EVA.

Ah! voilà!... on m'avait permis à moi, à moi seule de voir mon oncle... quoiqu'il fût en prison, parce que j'avais tant d'envie de l'embrasser et de l'interroger! aussi, une question n'attendait pas l'autre... et il m'a répondu à voix basse : « Viens me retrouver dans une heure, j'aurai besoin de toi! mais si tu répètes un mot de ce que je te confierai... si tu parles, je te jure par l'aïeule de monseigneur... que tu es morte! » Voilà, mademoiselle, voilà justement ce qui m'effraie...

CHRISTINE.

Et pourquoi?

EVA.

Parce que je me connais... et...

CHRISTINE.

Eh bien?...

DUO.

EVA.

Je parlerai!

CHRISTINE.

Crainte inutile!

EVA.

Je parlerai!

CHRISTINE.

Sois donc tranquille!

EVA.

Je parlerai,
Je parlerai,
Je parlerai,
Et je dirai
Tout le mystère!

CHRISTINE.

Mais moi, ma chère,
Je me tairai!

EVA.

Je ne suis pas aussi forte,
Et ne rien savoir vaut mieux!
Un secret qu'ainsi l'on porte
Est un fardeau dangereux!

CHRISTINE.

Pour le porter, nous serons deux!

EVA.

Non pas, vraiment!

CHRISTINE.
Pourquoi?

EVA.
Pourquoi?
Déjà je tremble d'effroi !
Car avec moi la parole
Sur-le-champ part et s'envole,
Et mon oncle me l'a dit :
Si ta bouche nous trahit,
Si tu dis la moindre chose...
De ma main
Tu meurs soudain !
Et moi qui cause,
Qui toujours cause, cause... cause !...
Vous le voyez... mon trépas est certain !

CHRISTINE.
Tant pis, car je voulais
Te dire aussi mes projets...

EVA.
Lesquels?... dites-les-moi !

CHRISTINE.
Je ne le puis.

EVA.
Pourquoi?

CHRISTINE.
Pourquoi?

EVA.
Pourquoi?

CHRISTINE.
Pourquoi? tu parlerais.

EVA.
Non, je l'assure.

CHRISTINE.
Tu parlerais.

EVA.

Non je vous jure!

CHRISTINE.

Tu parlerais,
Tu parlerais,
Tu parlerais,
Tu trahirais
Tout le mystère!

EVA.

Si ce défaut
Peut vous déplaire,
Quand il le faut
Je sais me taire!
Achevez, je vous en prie,
Confiez-moi ce projet;
Pour cette fois, sur ma vie,
Je saurai taire un secret!

CHRISTINE.

Eh bien donc! ma chère amie,
Eh bien donc!... tu me promets,
Tu me promets, sur ta vie,
De garder tous mes secrets?

(Mystérieusement.)

J'avais donc le dessein...
Seule, dans ce souterrain...

EVA.

Achevez, je vous en prie!

CHRISTINE, la regardant et s'arrêtant.

Non, de toi je me défie.
Tu parlerais.

Ensemble.

CHRISTINE.

Tu parlerais,
Tu parlerais,
Tu parlerais,

Tu trahirais
Tout le mystère !

EVA.

Je me tairai,
Je me tairai,
Je me tairai,
Je cacherai
Tout le mystère !

CHRISTINE.

Eh bien !... si je voulais descendre dans ce souterrain... serais-tu assez courageuse pour me suivre ?

EVA.

Assez courageuse ? non ! mais assez curieuse, oui. Allons !... (Elles vont pour sortir par la porte du fond.) Dieu ! l'on vient.

SCÈNE III.

CHRISTINE, EVA, LE COMTE, L'AMIRAL.

L'AMIRAL, au comte.

Quoi !... mon fils Arved !... votre gendre, disparu dans les souterrains du château...

LE COMTE.

Ainsi que ma fille... la mariée !

L'AMIRAL.

Et vous n'êtes pas déjà sur leurs traces ?...

LE COMTE.

J'y allais... mais ici... ils sont tous frappés de terreur... personne pour m'accompagner...

CHRISTINE et EVA.

Nous voici, nous vous suivrons...

L'AMIRAL.

Bien! mais je vous épargnerai ce soin... et j'y cours moi-même!... Dieu! qu'ai-je vu?

SCÈNE IV.

LES MÊMES, ARVED, paraissant à la porte du fond, et soutenant Suzanne pâle et défaite.

SEXTUOR.

L'AMIRAL, courant à Arved.

Mon fils!

LE COMTE, courant à Suzanne.

Ma fille!

CHRISTINE, et EVA.

Arved! ah! quel bonheur!

TOUS.

Mais qu'ont-ils donc? d'où vient cette pâleur?

LE COMTE, à Suzanne.

Mon enfant!

SUZANNE.

Oui, c'est moi!

L'AMIRAL, à Arved, et LE COMTE, à Suzanne.

Qu'as-tu vu?

ARVED, et SUZANNE.

Ce mystère...
Ne m'interrogez pas... je dois encor le taire.

L'AMIRAL.

Ah! c'est en vain, parle!...

ARVED, à demi-voix.

Plus tard, mon père,
A vous seul.

L'AMIRAL.

A l'instant! il le faut!

ARVED.

Je ne peux!

L'AMIRAL, faisant quelques pas pour sortir.

J'y vais donc!

SUZANNE, se mettant au-devant de lui.

Arrêtez! dans ces murs odieux
Tremblez de pénétrer!

L'AMIRAL.

Moi trembler!

(Arved et Suzanne lui parlent à l'oreille; il pousse un cri et s'écrie à part.)

O terreur!

LE COMTE, à part.

Il a peur!

(Haut.)

Qu'est-ce donc?

EVA et CHRISTINE, avec étonnement.

Quoi! lui-même... il a peur!

Ensemble.

L'AMIRAL.

Fatal secret! sombre mystère!
Ah! gardons-nous de le trahir;
Soyons maître de la colère
Qui malgré moi me fait frémir!
Mais du danger bientôt, j'espère,
Mon bras saura nous affranchir!

LE COMTE.

Fatal secret! sombre mystère!
Qui malgré moi me fait pâlir.
Est-ce de crainte ou de colère
Que je sens mon cœur tressaillir!
Ah! de ces murs bientôt, j'espère,
Pour toujours je pourrai sortir!

ARVED et SUZANNE, à l'amiral.

Fatal secret! sombre mystère!
Ah! gardez-vous de le trahir!
Soyez maître de la colère
Dont je vois votre cœur frémir.
Du danger bientôt, je l'espère,
Le ciel saura nous affranchir!

CHRISTINE et EVA.

Fatal secret! sombre mystère!
Je tremble et je me sens pâlir.
Hélas! un trouble involontaire
Malgré moi me fait tressaillir.
Ah! du péril qu'on veut nous taire
Qui donc pourra nous garantir!...

(Le comte qui semble méditer un projet, sort par le fond, emmenant avec lui Christine et Eva.)

SCÈNE V.

ARVED, L'AMIRAL, SUZANNE.

L'AMIRAL.

Vous l'avez vu l'un et l'autre... vous en êtes bien sûrs?

ARVED, à demi-voix, et regardant autour de lui.

Oui, mon père! il m'a sauté au cou, en me disant : mon frère!

SUZANNE, de même.

Il m'a embrassée en me disant : ma femme bien-aimée!

L'AMIRAL.

Mon fils existe!... mon fils nous est rendu!

SUZANNE.

Pas encore!

L'AMIRAL.

Mais enfin il existe!... et par quel miracle?

SUZANNE.

Dépouillé et laissé parmi les morts... des soldats ennemis l'ont rappelé à la vie, sans savoir qui il était... sans connaître son grade... et trois mois entiers... épuisé par ses blessures...

ARVED.

Il est resté entre les mains du colonel Ranck.

L'AMIRAL.

Ce vieux colonel suédois, mon mortel ennemi!

ARVED.

Qui depuis quelques jours, forcé de se réfugier dans les souterrains de ce château...

SUZANNE.

Y a entraîné avec lui son prisonnier, qu'il y retient.

L'AMIRAL.

Marchons! allons le délivrer!...

ARVED.

Impossible! mon frère n'est pas le seul qui soit caché dans ces ruines...

SUZANNE.

Une illustre fugitive y a aussi trouvé un asile!

L'AMIRAL.

Eh! qui donc?...

ARVED.

La reine de Suède!... la princesse Ulrique.

L'AMIRAL.

Celle que notre roi m'a chargé de poursuivre, celle dont j'ai juré de m'emparer...

SUZANNE.

Vous n'en ferez rien! au contraire!

L'AMIRAL.

Qu'osez-vous dire?

ARVED.

Vous lui donnerez les moyens de passer en Suède!...

L'AMIRAL.

Manquer à mon devoir... jamais!

SUZANNE.

La vie de votre fils en dépend.

L'AMIRAL.

Et comment cela?

ARVED.

Écoutez-moi, mon père!... la princesse et le grand-duc de Hesse, son mari, suivis d'un petit nombre de fidèles serviteurs, n'attendaient qu'un moment favorable, un temps brumeux, et une chaloupe, pour gagner l'autre côté du détroit... une demi-heure de traversée, vous le savez... quand vos deux vaisseaux sont venus s'établir en croisière à la hauteur de ces ruines et intercepter le passage...

L'AMIRAL.

C'est bien ce que j'avais prévu.

SUZANNE.

Et c'est ce qui nous perdrait. Le vieux Tobern, concierge de ce château, sujet du grand-duc de Hesse et sujet dévoué, s'étant hier hasardé dans ces ruines... a reconnu parmi les Suédois, mon mari... votre fils!...

ARVED.

Le fils de l'amiral Norby... jugez quel otage pour eux!...

SUZANNE.

Aussi, lorsque tout à l'heure, nous sommes tombés entre les mains du colonel Ranck, ce fidèle et farouche soldat de Charles XII nous a dit : « Madame, je pourrais vous retenir prisonnière, comme votre mari... j'aime mieux vous charger, ainsi que monsieur, de mon message pour son père l'amiral

Norby : dites-lui en secret, et à lui seul, que son fils, l'aîné de sa famille, lui sera rendu, j'en jure ma foi de soldat, dès que la princesse Ulrique aura touché la côte de Suède! cela dépend de lui. »

ARVED.

Mais, a-t-il ajouté, à la première tentative qu'il fera pour s'emparer de notre reine, au premier coup de fusil tiré de son côté... son fils est mort.

L'AMIRAL, avec effroi.

Mon fils!... mon fils!...

Ensemble.

TRIO.

ARVED et SUZANNE.

Ah! que sa voix se fasse entendre,
Que votre cœur soit désarmé!
C'est de vous seul que vont dépendre
Les jours de ce fils bien-aimé!

L'AMIRAL.

Quoi! de moi seul peuvent dépendre
Les jours de mon fils bien-aimé!
A sa voix que je crois entendre
Tout mon amour s'est ranimé!

ARVED.

Ce fils vous implore et vous aime...

L'AMIRAL, avec émotion.

Mon fils!...

SUZANNE.

Et vous pouvez le repousser?...

L'AMIRAL, avec douleur.

Mon fils!...

ARVED.

Vous renoncez au bonheur même...

SUZANNE.

De le voir et de l'embrasser!

L'AMIRAL, avec désespoir.

Mon fils!... mon fils!...

Ensemble.

ARVED et SUZANNE.

Ah! que sa voix se fasse entendre,
Que votre cœur soit désarmé!
C'est de vous seul que vont dépendre
Les jours de ce fils bien-aimé!

L'AMIRAL.

Quoi! de moi seul peuvent dépendre
Les jours de mon fils bien-aimé!
J'ai peine, hélas! à me défendre,
Et je sens mon cœur désarmé!

ARVED.

Vous céderez?

SUZANNE, vivement.

Oui, vous cédez!

L'AMIRAL.

Qui? moi!
De mon enfant j'achèterais la grâce,
En flétrissant et mon nom et ma race,
En trahissant mon pays et mon roi!...
Non! non!
(Mouvement brillant et animé.)
Saint honneur qui m'enflamme,
Brille encore en mon âme!
Au lieu de vivre infâme
Et de vendre mon bras!
Mon fils, ah! quel martyre,
Ma voix doit te proscrire,
Mais qu'après toi, j'expire
En vengeant ton trépas!

ARVED et SUZANNE.

L'amour aussi réclame!
Qu'un rayon de sa flamme,
En éclairant votre âme,

Détourne le trépas!
Faut-il, ah! quel martyre,
Que votre fils expire,
Quand un mot peut suffire
Pour le rendre à vos bras?

L'AMIRAL, prenant Arved à part, et à demi-voix.

Et cette famille ennemie,
Ce comte Udolphe... en nous apercevant,
Dirait donc, du doigt nous montrant :
« Race de trahison... et race d'infamie!... »
(A voix haute.)
Non, non, que notre sang, le sang de nos aïeux,
Coule, puisqu'il le faut, mais pur et généreux!

Ensemble.

L'AMIRAL.

Saint honneur, que ta flamme
Brille encore en mon âme!
Plutôt que vivre infâme
Et de vendre mon bras,
Mon fils, ah! quel martyre,
Ma voix doit te proscrire,
Mais qu'après toi, j'expire
En vengeant ton trépas!

ARVED et SUZANNE.

L'amour aussi réclame!
Qu'un rayon de sa flamme,
En éclairant votre âme,
Détourne le trépas!
Faut-il, ah! quel martyre,
Que votre fils expire,
Quand un mot peut suffire
Pour le rendre à vos bras!

SUZANNE.

C'est mon père!

SCÈNE VI.

Les mêmes; LE COMTE.

LE COMTE, entrant d'un air affairé.

Eh bien! monsieur l'amiral, pendant que vous vous occupez avec ces jeunes gens des rêves de votre imagination... les affaires marchent... le régiment que j'avais fait demander à Elseneur vient enfin d'arriver.

ARVED et SUZANNE, à part.

Grand Dieu!

LE COMTE.

Leur commandant m'apporte des nouvelles certaines de la princesse Ulrique; nous savons où elle est.

SUZANNE, à part.

O ciel!

L'AMIRAL, froidement.

Et moi aussi.

LE COMTE.

A l'extrémité du détroit.

ARVED, à part.

Je respire!

L'AMIRAL.

Non, dans ces environs.

LE COMTE, s'échauffant.

Je suis seul dans le vrai!

L'AMIRAL.

Vous êtes dans l'erreur!

SUZANNE, bas, à l'amiral.

Taisez-vous donc, de grâce!

LE COMTE.

J'ai un coup d'œil qui ne me trompe jamais... et en vertu

des pouvoirs qui me sont confiés, je vous ordonne à vous, amiral Norby, d'appareiller sur-le-champ, et de diriger votre escadre à l'autre extrémité du Sund.

L'AMIRAL.

Je resterai à celle-ci.

LE COMTE.

Et pourquoi, s'il vous plaît?

L'AMIRAL.

Parce que le roi m'a confié une mission.

LE COMTE.

Et à moi aussi!

L'AMIRAL.

Parce que je veux la remplir avec honneur.

LE COMTE.

Moi de même.

L'AMIRAL.

Parce qu'en suivant mon idée, je réussirai, et qu'en suivant la vôtre je ferai fausse route.

LE COMTE.

Cela me regarde.

L'AMIRAL.

Non pas, s'il vous plaît! Moi, vieux marin, je n'entends pas obéir à votre inexpérience.

LE COMTE, avec colère.

Monsieur l'amiral!...

L'AMIRAL.

Monsieur le gouverneur!..

LE COMTE, se calmant et reprenant son sang-froid.

Du reste, le roi avait prévu que nous aurions de la peine à nous entendre... (Lui donnant un papier.) Lisez!...

L'AMIRAL, parcourant l'ordre du roi avec une colère concentrée.

Quoi!... le roi... le roi lui-même, soumettre la flotte et l'armée... à qui?... à lui... plutôt donner ma démission!...

SUZANNE, à demi-voix, vivement.

C'est ce qu'il faut faire...

LE COMTE, d'un ton railleur.

Votre démission d'amiral! monsieur... vous ne l'oseriez pas!...

L'AMIRAL, vivement.

Je la donne!

ARVED et SUZANNE, l'un à l'autre, avec joie et se serrant la main.

Très-bien!

LE COMTE, vivement.

Et moi, je l'accepte... Vous allez remettre le commandement de l'escadre au comte de Swadembourg, le premier officier général après vous.

L'AMIRAL.

Moi!...

LE COMTE.

Pour qu'à l'instant même nos deux vaisseaux quittent ces parages en emmenant le régiment d'Elseneur... dont ils ne laisseront ici que deux compagnies pour la garde du château... c'est assez!...

SUZANNE, à demi-voix.

Obéissez à monsieur le gouverneur.

ARVED, de même.

Qui nous sauve tous!

20.

LE COMTE.

Eh bien ! je vous attends.

L'AMIRAL.

Moi... lui obéir !

SUZANNE, à demi-voix.

Mais votre fils...

LE COMTE.

Eh bien ?...

SUZANNE, de même.

Votre fils...

LE COMTE.

Eh bien ! je vous attends !

ARVED et SUZANNE, à demi-voix.

Partez donc !

L'AMIRAL, avec colère.

Allons !...

(Le comte Udolphe et l'amiral sortent en se disputant par la porte du fond.)

SCÈNE VII.

ARVED, SUZANNE, puis EVA, entrant avec CHRISTINE par la porte à gauche.

EVA, sans voir Arved et Suzanne.

Mademoiselle, c'est comme je vous le dis... je sais tout... et ça me fait une peur... une peur de parler... avec ça que j'en ai tant envie...

CHRISTINE, avec impatience.

Eh bien ?...

EVA.

Eh bien... (Apercevant Suzanne et s'arrêtant.) Ah ! madame la comtesse et monsieur le comte... (Bas, à Christine.) Voyez-vous comme je m'exposais!... vrai! j'aimerais mieux ne rien savoir...

SUZANNE, à Eva.

Qui t'envoie ici?

EVA.

Mon oncle... il m'a chargée de vous dire... (Suzanne lui fait signe de se taire et congédie Christine par un geste. Quand Christine est sortie.) Eh bien donc! mon oncle m'a chargée de vous dire qu'obligé de descendre avec les soldats dans les souterrains... il allait d'abord les conduire dans tous ceux où il était sûr de ne rencontrer personne... vous, pendant ce temps, faites sortir vos prisonniers, car les deux vaisseaux viennent de partir.

SUZANNE.

Ils sont partis?

EVA.

Ils sont partis, emmenant avec eux toutes les embarcations de la côte...

ARVED et SUZANNE.

O ciel!

EVA.

Excepté une chaloupe... une seule, que mon oncle avait cachée dans la grotte de Saint-Béat.

ARVED.

Et cette grotte de Saint-Béat, où est-elle?...

EVA.

Au-dessous de la salle d'armes... c'est par là qu'on y descend!

ARVED.

Très-bien... il s'agit de faire passer nos prisonniers par cette salle d'armes... c'est facile!

SUZANNE.

C'est impossible !

EVA.

Elle est toujours déserte !

SUZANNE.

Excepté aujourd'hui... dès qu'il y a dans le château un mariage, quelque cérémonie... les tenanciers de ce domaine se réunissent, c'est l'usage, dans la salle d'armes, pour un grand festin qui dure jusqu'au jour... et déjà ils y sont...

ARVED.

Malgré la terreur que ce lieu leur inspire... malgré l'orage qui s'approche...

SUZANNE.

Et la princesse et sa suite... et votre frère, mon mari... qu'ils emmènent toujours comme otage...

ARVED.

Ne pourront traverser la salle du festin... sans être aperçus et arrêtés...

SUZANNE.

Que faire alors ?

ARVED.

Consulter la princésse et le colonel Ranck, hâtons-nous ! car Tobern et les soldats ont commencé déjà leur visite dans les souterrains.

SUZANNE.

Ah ! venez... venez !... toi, Eva, suis-moi !

(Arved et Suzanne sortent par la porte à droite, et Eva s'apprête à les suivre.)

SCÈNE VIII.

CHRISTINE, EVA.

CHRISTINE, retenant Eva.

Non! tu ne sortiras pas, tu ne me quitteras pas, sans m'avoir dit ce fatal secret.

EVA.

N'insistez pas, au nom du ciel, car il est prêt à m'échapper...

CHRISTINE, la suppliant.

Eva! ma petite Eva... par pitié!

EVA.

Il y va de mes jours...

CHRISTINE.

Parle! car ce terrible mystère, je meurs d'envie de le savoir!

EVA.

Et moi de vous le dire! apprenez donc que...

CHRISTINE, avec la plus grande émotion.

Parle... parle vite!

EVA.

Apprenez que...

CHRISTINE.

Eh bien?

EVA.

Eh bien...

(En ce moment on entend une décharge de mousqueterie, qui semble venir des souterrains ; les deux femmes poussent un cri et se sauvent. Le théâtre change.)

SCÈNE IX.

La salle d'armes du château d'Udolphe. Sur les deux côtés du théâtre sont dressées deux grandes tables où sont assis les tenanciers du château. A droite une table particulière et trois fauteuils, pour le comte Udolphe, sa fille et son gendre. Des femmes et des jeunes filles, vassales du domaine, sont debout derrière et servent. A droite, de grandes croisées gothiques. A gauche, sur le second plan, la grande porte d'entrée. A droite, sur le premier plan, une petite porte. Au fond le portrait en pied de l'aïeule tenant à la main un papier scellé. Des deux côtés du tableau, plusieurs armures de chevaliers.)

Vassaux et Vassales, LE COMTE, EVA; puis ARVED, SUZANNE et CHRISTINE; ensuite LA PRINCESSE ULRIQUE, DES CHEVALIERS et DES DAMES et enfin L'AMIRAL.

FINALE.

(Au lever du rideau tous les vassaux boivent et mangent. D'autres apportent sur la droite la table d'honneur et les trois sièges pour le comte Udolphe, sa fille et son gendre.)

LE CHŒUR.

Buvons et célébrons cet heureux mariage,
Buvons aux descendants de ce noble seigneur !
(A demi-voix et se parlant l'un à l'autre. Chœur dialogué.)
— Et ta frayeur... — Et ta frayeur?...
— Je crois qu'elle s'en va, grâce à cette liqueur !
— Grâce à cette douce liqueur !
— Moi, j'ai moins peur. — J'ai bien moins peur.
— Je n'ai plus peur !
— Et moi, j'ai presque du courage.

TOUS, à haute voix, et voyant entrer le comte.

Buvons et célébrons cet heureux mariage,
Buvons aux descendants de ce noble seigneur !

LE COMTE, à part.

Et personne ne vient m'apprendre dans ce lieu,

Ce que devient Tobern... pourquoi ces coups de feu !...
(Eva entre et s'approche de lui.)
Eh bien ?... quelle nouvelle ?

EVA.

Ah ! je le crois à peine,
Mon oncle et les soldats... aucun n'est revenu !

LE COMTE, effrayé et feignant du courage.

Si j'y pouvais courir... mais ici retenu...
Avertis l'amiral, et que, malgré sa haine,
A l'instant même à mon secours il vienne !

EVA donne un ordre à un des paysans qui sort, puis s'approchant des vassaux qui sont assis devant la table.

Eh quoi ! dans ce lieu redouté
Vous osez chanter, rire et boire !
A tant d'audace... on n'ose croire !...

PLUSIEURS PAYSANS, commençant à s'effrayer.

Vous croyez donc... en vérité...
Au danger ?...

EVA.

Si j'y crois !...
(Leur montrant le comte Udolphe.)
Regardez notre maître !
A peine on peut le reconnaître,
Tant il est pâle... épouvanté !...

TOUS.

C'est vrai... c'est vrai !...

LE CHOEUR, à haute voix, mais en tremblant.

Buvons et célébrons cet heureux mariage,
Buvons aux descendants de ce noble seigneur !
(Entre eux, à voix basse.)
— Et ta frayeur ? — Et ta frayeur ?...
— Je crois qu'elle revient, malgré cette liqueur !
— Malgré cette douce liqueur !
— J'ai toujours peur ! — Aussi grand' peur !
— Encor plus peur !
— Et j'ai perdu tout mon courage !

(Voyant Arved et Suzanne qui entrent dans ce moment habillés en mariés et se tenant par le bras, suivis de Christine.)

LE CHOEUR, à haute voix.

Buvons et célébrons cet heureux mariage,
Buvons aux descendants de ce noble seigneur !

SUZANNE, bas, à Arved.

Vous espérez encor?...

ARVED.

Tout peut changer de face!
Attentifs au signal que je leur donnerai...
Qu'un bon hasard nous vienne et j'en profiterai!
Dans l'extrême danger, le salut... c'est l'audace!

LE CHOEUR, se levant.

Gloire et bonheur à ces nouveaux époux!
Qu'en l'honneur de leur mariage,
Joie et plaisir éclatent parmi nous!...

(Au moment où Suzanne, Arved et le comte vont se mettre à table, on entend un commencement de tempête, et des éclairs brillent aux grandes croisées à droite.)

Entendez-vous? entendez-vous l'orage?
Et la grêle et le vent qui battent ces vitraux?

LE COMTE, cherchant à les rassurer.

Eh bien?... qu'est-ce?... c'est un orage!
Aux bords de cette mer ils ne sont pas nouveaux!

LE CHOEUR.

Mais dans un pareil jour, c'est de mauvais présage.

EVA.

Et du courroux du ciel c'est la preuve!

TOUS.

Oui, vraiment!

ARVED, bas, à Suzanne.

Voici, je crois, l'instant!

SUZANNE, de même.

Pas encor.

TOUS.

La rafale
Redouble!

ARVED, de même.

C'est l'instant!

SUZANNE, de même.

Pas encor.

TOUS.

Cette salle
S'ébranle sous l'effort de la foudre et du vent!
(On entend un violent coup de tonnerre. Le vent ouvre avec fracas une des croisées de droite et brise plusieurs carreaux. Une partie des flambeaux qui éclairaient la salle sont tout à coup éteints.)

LE CHOEUR.

Protégez-nous, grand Dieu!...

ARVED, bas, à Suzanne.

C'est le moment!

(Il frappe avec force sur un bouclier placé à gauche. A ce bruit, la figure de l'aïeule, qui est au fond du théâtre, se détache lentement de son cadre. Les deux armures qui étaient à ses côtés se mettent en marche, d'autres chevaliers et dames sortent par l'ouverture laissée dans le cadre et les suivent. — A cette vue, le comte, tous les convives, tous les vassaux et vassales jettent un cri et tombent à genoux. Le théâtre est dans une demi-obscurité.)

LE CHOEUR, courbant la tête.

Ombre fatale
Et sépulcrale
Qui du tombeau
Sors de nouveau!
Sombre cortége
Qui la protége,
Nous tombons tous
A vos genoux!
Épargnez-nous
Votre courroux...

Grâce pour nous,
Grâce pour nous!

(Pendant ce chœur l'aïeule, suivie de ses chevaliers, s'est avancée lentement au milieu des convives, effrayés et prosternés. Elle s'arrête près du fauteuil où est le comte Udolphe, elle lui tend le papier qu'elle tient à la main et que celui-ci reçoit en tremblant.)

LE COMTE.

Mânes de mes aïeux... cet écrit... effrayant...
De ma prochaine mort.. m'annonce donc l'instant...

(Il penche la tête sur sa poitrine. Arved, Suzanne, Eva et Christine, sont seuls restés debout au milieu de cette foule prosternée. Eva ouvre la petite porte à droite donnant sur un escalier qui conduit à la mer. L'aïeule et ses chevaliers commencent à descendre.)

Ensemble.

LE CHŒUR, à genoux.

Ombre fatale, etc.

SUZANNE, ARVED, EVA, CHRISTINE, s'adressant à la princesse Ulrique.

O royale captive,
Que le ciel protecteur
Sur la prochaine rive
Conduise ta Grandeur!
Que Dieu te soit en aide,
Noble fille des rois,
Et que bientôt la Suède
Reconnaisse tes lois!

(En ce moment et lorsque déjà la princesse et un de ses compagnons ont descendu l'escalier à droite, l'amiral entre brusquement par la gauche, s'approche du fauteuil où est le comte et le secoue par le bras.)

L'AMIRAL.

Vous m'appelez? quel danger vous menace?...

SUZANNE, ARVED et EVA, effrayés en l'apercevant.
Grands dieux!

LE COMTE.

Brave amiral, de grâce!...
Secourez-moi... ce spectre.

L'AMIRAL, portant la main au pistolet qui est à sa ceinture.

        Ah! chacun tremble ici,
Morbleu! nous allons voir!...

  SUZANNE et EVA, se jetant au devant de l'amiral.

      Que faites-vous!... c'est lui...
C'est lui!

L'AMIRAL, voyant le chevalier qui vient de lever sa visière et qui lui tend les bras.

    Mon fils! c'est lui!

Ensemble.

ARVED, SUZANNE, CHRISTINE, EVA, s'adressant au spectre qui a baissé sa visière, et se tournant du côté de l'escalier à droite.

  O royale captive,
  Que le ciel protecteur
  Sur la prochaine rive
  Conduise ta Grandeur!
  Que Dieu te soit en aide,
  Noble fille des rois,
  Et que bientôt la Suède
  Reconnaisse tes lois!

  LE COMTE et TOUS SES VASSAUX.

  Dans mon âme craintive
  Que glace la terreur,
  A tout ce qui m'arrive
  Je n'entends rien, d'honneur!
  Mon Dieu, sois-nous en aide,
  Mon Dieu, protége-moi!
  A ma frayeur je cède
  Et je me meurs d'effroi!

(Tous les fugitifs ont disparu, la petite porte à droite s'est refermée, l'orage s'est apaisé, l'aurore commence à paraître.)

   L'AMIRAL, avec joie.

Ah! mon fils m'est rendu, ce n'est point un mensonge!

ARVED, aux paysans.

Relevez-vous, amis! ce n'était qu'un vain songe!...

SUZANNE.

Dont vos sens étaient abusés...

LE COMTE.

Un songe, dites-vous?... mais cet écrit?

TOUS.

Lisez!

LE COMTE, ouvrant le papier que lui a remis la princesse.

« Rassurez-vous, monsieur le comte! votre mort n'est
« pas encore prochaine! ce n'est pas votre aïeule qui vous
« a remis ce billet, mais la princesse Ulrique, elle-même!... »
(S'interrompant.) Est-il possible! (Continuant.) « La princesse
« Ulrique, qui traverse en ce moment le détroit, et qui, dès
« qu'elle aura touché les bords de la Suède, vous renverra
« son précieux otage, le colonel Edgard Norby, votre
« gendre. »

TOUS.

O ciel!

L'AMIRAL.

Mon fils!...

SUZANNE.

Mon mari!

ARVED, à Christine, en souriant.

Son premier!

CHRISTINE, avec joie.

Est-il possible!

EVA.

Eh oui!
Notre secret!... le voici!

LE CHŒUR.

Heureuse destinée,
Plus d'effroi, de douleur!
Cette belle journée
Nous rend tous au bonheur!

TABLE

—

	Pages.
LA CHANTEUSE VOILÉE.	1
LA DAME DE PIQUE.	43
MOSQUITA LA SORCIÈRE.	159
LES MYSTÈRES D'UDOLPHE.	267

www.ingramcontent.com/pod-product-compliance
Lightning Source LLC
Chambersburg PA
CBHW050253170426
43202CB00011B/1671